中级财务会计模拟实训设计与实施

章洁倩　著

中国农业大学出版社
·北京·

图书在版编目(CIP)数据

中级财务会计模拟实训设计与实施/章洁倩著. —北京:中国农业大学出版社,2012.7
ISBN 978-7-5655-0548-5

Ⅰ.①中…　Ⅱ.①章…　Ⅲ.①财务会计-高等学校-教学参考资料　Ⅳ.①F234.4

中国版本图书馆 CIP 数据核字(2012)第 118732 号

书　名　中级财务会计模拟实训设计与实施
Zhongji Caiwukuaiji Monishixun Sheji yu Shishi
作　者　章洁倩　著

策划编辑　张　蕊　　**责任编辑**　张　玉
封面设计　郑　川　　**责任校对**　王晓凤　陈　莹
出版发行　中国农业大学出版社
社　址　北京市海淀区圆明园西路 2 号　　**邮政编码**　100193
电　话　发行部 010-62818525,8625　　读者服务部 010-62732336
编辑部 010-62732617,2618　　出　版　部 010-62733440
网　址　http://www.cau.edu.cn/caup　　**e-mail** cbsszs @ cau.edu.cn
经　销　新华书店
印　刷　涿州市星河印刷有限公司
版　次　2012 年 7 月第 1 版　2015 年 1 月第 2 次印刷
规　格　787×1 092　16 开本　18.25 印张　315 千字
定　价　31.00 元

图书如有质量问题本社发行部负责调换

前　言

从事了十多年的企业财会实务工作后，一个偶然的机会让我走上了三尺讲台，不知为什么我就深深地爱上了这个职业，喜欢上了闲时就茶读书、忙时挑灯夜战的自由，喜欢上了那些率真可爱的学生。作为一个老师，最重要的是上好课，获得学生的尊重和认可。为了这个目标，我一直在努力。

我讲的第一门课就是“中级财务会计”，屈指一数，连续上这门课已经快8个年头了。每上一轮，都会带给我不同的教学体验和感悟。

记得第一次上这门课，1个学期104个课时，我从头讲到尾，课备得仔细认真，讲课非常卖力，也结合了一些实际的案例进行讲解。尽管讲出了咽喉炎，但效果并不理想。因为这门课的内容多而杂，初学者很难体会到各章节之间的关联性，很多内容极容易混淆。认真的学生听课时好像理解了，一到课下做作业就不知如何下手，学到后面就忘了前面；不认真的学生根本听不进去。期末考试的结果很不理想，当然更谈不上实际运用。后来我不断地调整教学理念和方法，增加授课的生动性和趣味性，取得了一定的效果。从2009年起，我开始实施课程模拟实训，一是通过大量习题训练巩固课堂教学内容；二是分章节内容设计相应的模拟试验培养学生实务操作能力，让学生学以致用。在实施模拟实训的过程中，我发现课堂气氛活跃了，学生的兴趣和积极性大为提高，很多学生由被动学变为主动学，取得了较好的教学效果。在三年的教学实践中，我根据学生的反馈和自己的教学反思，不断修正完善课程模拟实训的内容设计和实施方法，形成了比较科学实用的课程模拟实训成果，以本书为载体，与广大的同行及读者共同探讨。

与其他的中级财务会计实训书相比，本书具有以下特点：一是实训内容设计比较全面，包括习题训练和实验两个部分，两个部分相辅相成，覆盖了中级财务会计课程中所有的重点和难点内容；二是模拟试验仿真性强，模拟企业1个月的具体经济业务，将这些经济业务按课程章节进行分类，便于学生按照课程进度进行相应的会计实务处理，各章节的模拟试验又相互关联，环环相扣，形成一个整体，与实际财务工作基本一致，让学生拿着账本学会计，既巩固了理论知识，又培养了实践能力；三是对实训的具体实施提出了建议，根据中级财务会计各章节的教学目标和难易程度，结合作者本人实施模拟实训的感悟和体会，探讨了实训实施的技巧和方法。由于书中模拟实验的设计是将企业1个月的经济业务按课程章节内容来进行归类，导致在模拟实验时不能严格按照业务发生的时间顺序依次进行会计处理。这是本书的不足之处。

在编写本书的过程中得到了很多人的帮助，感谢天津农学院会计专业2008—2010级的学生，他们在实训实施的过程中的执著让我感动，是我完成本书的动力之源。尤其要感谢天津农学院的邹婷、田书超等同学，他们不辞辛苦，付出了很多的时间和精力帮助搜集材料、核对数据、制作原始凭证，促成了本书的顺利定稿。本书的出版得到了天津农学院的大力支持，在此表示感谢。

虽然作者倾注了很多心血，但由于水平有限，书中难免有疏漏和错误，恳请专家、同仁和广大读者批评指正。

联系邮箱：603669916@qq.com

著　者

2012 年 5 月

目　录

第一章　中级财务会计模拟实训概述

一、模拟实训的概念和意义

中级财务会计模拟实训是在讲授中级财务会计课程时，同步进行模拟企业会计核算业务的实验和相关知识点的习题训练。模拟实训包括模拟实验和习题训练两个环节，通过模拟实验的实施，将理论教学与实践运用高度结合，明确课程内容所解决的实践问题，激发学生的学习兴趣，培养学生学以致用的能力；通过练习与课程重点、难点内容相对应的习题，帮助学生更好地理解和巩固理论知识。两个环节相辅相成，缺一不可，为中级财务会计课程教学发挥重要的作用。

中级财务会计课程是财会类专业的最重要的一门核心专业课程，该课程的掌握程度将直接决定学生的专业理论水平和实践能力，因此，这门课程受到了财会类专业教师和学生的高度重视。在课程的教学过程中，普遍存在以下三个问题：

第一，学生听懂容易学会难。中级财务会计课程的内容多而杂，实践性非常强，涉及到六大会计要素的确认、计量以及财务报表编制，老师讲解的时候学生好像听懂了，但学完就忘，以至于学到后面就忘了前面。很多学生学完以后觉得知识点非常零散，不知道所学的这些知识到底能解决什么实践问题，无法体会各章节之间的关联性，更谈不上综合运用。

第二，课时不够用，理论教学挤占实践教学课时。对于中级财务会计课程，一般高校都设置了 90 以上的课时，虽然课时多，但要讲完全部的教学内容还是显得有些不够用。因此，有些教师为了赶教学任务，干脆不进行实践教学或压缩实践教学的时间。

第三，过于注重教师的“教”，而忽视学生的“学”。为了完成教学任务，老师每节课都在卖力的“教”，进行大量的知识灌输，忽视了学生学习的自主性、主动性、积极性的发挥。在这种情况下，学生听得毫无兴趣，课后又没有及时进行复习消化，导致只有少数认真的学生能跟上老师的节奏。

针对课程教学中存在的问题，可以通过以下措施来加以改进：

首先，加强实践教学，在理论讲解的同时，根据教学内容，设计相应的模拟实验，理论联系实际，在枯燥抽象的理论学习中加入实践环节，调节课堂气氛，变抽象为具体，提高学生学习本课程的兴趣，使学生了解所学知识的作用，培养学生运用所学知识解决实践问题的能力，增加学生的感性认识，使学生在听懂的基础上真正理解掌握相关知识。

其次，课程教学内容的讲解应详略得当，不求全，但求精。课程的内容较多，要想在 90 课时内讲完所有的教学内容比较困难，教师必须仔细分析各章节的难易程度、教学重点及难点，对于比较容易理解的内容，布置学生自学，锻炼学生自主学习的能力；对于有一定难度的内容,在学生做好预习的基础上,运用提示性和启发性教学的方法,帮助学生理解掌握;对于教学内容中的重点和难点内容,安排足够的课时给学生进行精讲和训练,直到学生听懂学会为止。

另外,教师应加强本课程的学习管理和引导,充分调动学生学习的主动性和积极性。要想学好中级财务会计课程,光靠听老师讲远远不够,必须在课前、课后做好预习和复习训练,通过进行大量的训练来巩固所学的内容。从某种程度上来说,学生的"学"比教师的"教"更为重要。如何调动学生"学",一靠引导,二靠管理,通过引导调动学生的主动性和积极性,通过布置作业、检查作业、考评结合等措施对学生进行严格管理,督促学生进行预习和复习训练。

以上这些措施都可以通过模拟实训来加以实现,解决《中级财务会计》课程教学中存在的问题,提高教学效率与效果。

二、模拟实训的组织与准备

(一)确定模拟实训的方式

中级财务会计模拟实训包括模拟实验和习题训练两个部分,模拟实验可以采取手工操作或会计电算化方式进行,教师可以根据学校的条件和实际情况选择其中的一种方式进行,学生每人一套账,根据课程的进度和模拟实训的安排在老师的指导下独立完成各项实验,课程结束后进行会计档案的整理、装订,上交实训成果给指导老师进行考核评分。习题训练包含课前、课中和课后训练三部分,由教师根据课程内容的难易度和学生的学习情况进行布置和检查。

(二)做出科学合理的课时安排

在进行模拟实训之前,主讲教师应根据课时计划,确定模拟实训的课时,建议模拟实训的课时应占到课程总课时的25%以上。按照各项模拟实训的难易度,做出具体的课时分配、与相应理论课讲解的先后顺序等。以课程总课时为90课时为例,建议理论课60课时,模拟实训30课时,模拟实训的安排根据教学设计与理论课互相穿插,具体安排如表1-1所示。

表1-1 中级财务会计课程课时计划

理论课		模拟实训		模拟实训中实验与理论课的关系
内容安排	学时数	内容安排	学时数	
第一章 总论	2			
第二章 货币资金		货币资金核算模拟实训	2	通过模拟实验进行理论学习
第三章 应收款项	3	应收账款核算实训	2	模拟实验在理论课讲完之后进行
第四章 存货	6	存货核算模拟实训	3	模拟实验在理论课讲完之后进行
第五章 投资	11	投资核算实训	4	理论课与模拟实验交叉进行
第六章 固定资产	8	固定资产模拟实训	课后	通过作业的形式进行模拟实验

续表 1-1

理论课		模拟实训		模拟实训中实验与理论课的关系
内容安排	学时数	内容安排	学时数	
第七章　无形资产及其他资产	2	无形资产模拟实训	课后	通过作业的形式进行模拟实验
第八章　负债	14	负债模拟实训	4	理论课与模拟实验交叉进行
第九章　所有者权益	1	所有者权益模拟实训	1	理论课与模拟实验交叉进行
第十章　收入、费用及利润	10	收入费用利润模拟实训	4	模拟实验在理论课讲完之后进行
第十一章　财务报告	3	财务报告模拟实训	10	通过模拟实验进行理论学习
合计	60		30	

(三)模拟实训所需要的实训用品准备

习题训练可以让学生自备习题本。模拟实验最好采用与实际工作完全一致的案例数据、账本、记账凭证等材料,尽量给学生以真实感,提高实验的效果。模拟实验所需的具体材料如下:

◇ 实验信息及相关资料

◇ 空白记账凭证(5 本)

◇ 总账(1 本)

◇ 日记账(1 本)

◇ 三栏式明细账账页(1 本)

◇ 数量金额式明细账账页(35 张)

◇ 十四栏明细账账页(10 张)

◇ 借贷多栏明细账账页(2 张)

◇ 空白财务报表(1 套)

◇ 凭证封面(2 张)

◇ 账钉或账绳(1 副)

◇ 明细账封面(1 副)

◇ 口曲纸、胶水、红笔、回形针等

(四)强调模拟实训的意义和要求

在进行中级财务会计课程模拟实训之前,向学生介绍模拟实训对中级财务会计课程的作用和意义,明确实训纪律,使学生充分认识到模拟实训的重要性。要求学生认真学习课程理论知识,严格按照实训安排按时、按质、按量完成实训内容,理论联系实际,学以致用,借助模拟实训理解巩固所学的理论知识,锻炼实践动手能力。要求指导老师采用与教学内容相适应的教学手段和方法,将理论课和模拟实训有机结合,充分调动学生的学习兴趣。发挥教师的引导作用,授之以渔而不是授之以鱼,注重培养学生理论水平和实践动手能力。严格实训过程管理,使模拟实训落到实处,发挥它应有的作用。

三、模拟实训的形式与考核

(一)模拟实训的形式

按照中级财务会计课程的教学目的及要求,根据课程各章节的内容的特点和难易程度,有针对性地设计各章节模拟实训的形式,以达到较好的实训效果。主要的实训形式如下:

1.通过实训来进行理论部分的学习

对于一些理论性不强,实践操作性较强的章节,可以直接通过模拟实训来进行理论部分的学习,如第二章货币资金,该章难度不大,但内容较杂,实践操作性较强,尤其是银行结算方式比较抽象,如果采用理论讲解的话,效果不好。布置学生课前预习相关内容,通过习题训练的方式进行自学;课中,让学生直接接触、分析、审核各种银行结算方式的原始凭证,进行货币资金核算业务实验,通过老师的引导和讲解掌握相关的知识;课后,再布置适量习题,复习和巩固学习成果。

2.理论课与实训交叉进行

对一些较难理解、内容较多的章节,采取理论课与实训交叉进行,如投资一章,投资的种类比较多,而且会计核算非常复杂,对于学生来说比较难以理解和掌握,在理论课讲述时穿插进行实训,既能调节课堂的气氛,缓解学生的听觉疲劳,调动学生的兴趣,又能促进学生对老师所讲理论的理解。

3.实训在理论课讲完之后进行

对一些通过理论讲解基本上能掌握和接受的章节,采取在理论课讲完之后进行课堂模拟实训,可以帮助学生复习理论课所学的内容,在实训的过程中温故而知新,如应收款项实训等。

4.以作业的形式进行实训

对一些相对比较容易的章节,不专门在课堂上安排实训,采取课后由学生独立完成模拟实训内容的形式来进行。有利于锻炼学生独立思考、学以致用的能力,如固定资产模拟实训。对于一些实训内容较多实训计划课时不够的章节,可以采取课中进行一部分,没有完成的部分作为作业在课后完成,如存货模拟实训。

(二)模拟实训的考核

模拟实训完成后,学生应撰写实训心得体会,上交模拟实训的成果,指导老师应严格实训过程管理,根据学生在实训中的表现和成果进行考核评分。

考核方式可以采取过程考核和成果考核相结合的形式。过程考核主要考查学生在模拟实训过程中的组织纪律性和主观能动性。成果考核是对学生最后上交的会计核算档案和习题本进行全面的评价。考核的具体标准和分值由实训指导老师决定。表1-2中的评价标准和分值仅供参考。

模拟实训的考核成绩在中级财务会计课程期末考试中占30%的比重,通过这种考核方式督促学生重视模拟实训,提高实训的效果。

表 1-2　中级财务会计模拟实训考核评分标准

考核形式	考核内容	评价标准
过程考核	考勤	总分 10 分，缺勤一次扣 2 分，扣完为止
	实训认真程度	总分 10 分，由老师酌情给分
	提问和发现问题	总分 10 分，由老师根据提问和发现问题的次数和深度酌情给分
成果考核	会计凭证审核与填制	总分 20 分，由老师根据正确率给分
	登记账簿	总分 10 分，由老师根据账面整洁程度和规范性给分
	编制报表	总分 10 分，由老师根据正确率给分
	凭证装订	总分 10 分，由老师根据规范性和美观性给分
	习题正确率	总分 20 分，由老师根据完成程度和正确率给分
总分		100 分

第二章　模拟实训设计思路、内容框架、信息数据

一、模拟实训设计思路

虽然模拟实训在理论教学中的作用和重要性已被大家认同，但如何根据中级财务会计课程的教学目的和任务设计模拟实训的内容，真正发挥课程模拟实训的有效性是教师们探索和研究的重要课题。本书的总体设计思路为：结合实践学理论，拿着账本学会计。在具体内容设计的过程中，体现如下：

(1)改变了中级财务会计课程模拟实训设计的理念，一直以来，课程模拟实训的设计理念是为理论课讲解服务，为更好地理解理论知识而进行相应的模拟实训。而此设计方案中则体现了理论课的讲解是为模拟实训服务的，理论知识的学习是为了解决实践中和习题中所遇到的问题。

(2)高度模拟企业实际业务进行实验设计，再现真实工作情境。根据本课程的教学任务和教学要求，模拟企业实际工作中的经济业务，科学设计实验内容，让学生犹如置身于实际工作中，为解决工作中遇到的问题而寻求理论的依据和解决方案，增强学生的感性认识，激发学生学习理论的兴趣，培养学生学以致用解决问题的能力，提高学生的综合素质与水平。

(3)设计体现了以学生为主体、教师为引导的原则。模拟实训的设计体现以学为主，以教为辅的原则，充分调动学生的主动参与性和学习的积极性，要求学生课前预习、课中学习、课后复习；教师则应发挥主导作用，进行合理安排，对学生在实训过程中遇到的问题提供指导和点评，在教学过程中详略得当，注重培养学生的自学能力和探求精神，给学生传授适当的学习方法和手段，师生互动，提高教学水平和效率。

(4)设计以解决问题、启发思考、培养能力为目的。根据中级财务会计课程的教学内容，充分考虑到现代社会对会计专业人才的要求，设计出解决实践问题，启发学生思考，巩固所学理论知识、培养学生综合能力的实训内容。

二、模拟实训内容框架

模拟实训与中级财务会计课程内容相对应，分章设计了企业一般经济业务中涉及的会计六大要素的确认和计量、财务报表编制等实训内容，具体内容框架见表 2-1。

表 2-1　中级财务会计模拟实训内容框架

序号	模拟实训	具体内容	
		模拟实验	习题训练
1	货币资金 模拟实训	提取备用金 缴存现金 现金清查 银行结算方式的运用	预习思考题 课内练习题 课后复习题
2	应收账款 模拟实训	销售业务核算 现金折扣核算 备用金核算 坏账核销	预习思考题 课内练习题 课后复习题
3	存货模拟实训	采购业务核算 发出存货的核算 存货清查的会计处理 存货减值的会计处理	预习思考题 课内练习题 课后复习题
4	投资实训	交易性金融资产核算 持有至到期投资核算 可供出售金融资产期末计价 长期股权投资权益法核算	预习思考题 课内练习题 课后复习题
5	固定资产、无形 资产模拟实训	固定资产取得 固定资产折旧计提 固定资产报废 无形资产摊销	预习思考题 课内练习题 课后复习题
6	负债模拟实训	采购业务的核算 预收账款的核算 应付职工薪酬的发放 应付职工薪酬的计提 税款的缴纳和计提 计提短期及长期借款的利息 社会保险和住房公积金的缴纳和计提	预习思考题 课内练习题 课后复习题
7	所有者权益 模拟实训	追加投资的核算 资本公积、盈余公积转增股本的核算	预习思考题 课内练习题 课后复习题
8	收入、费用、 利润模拟实训	销售业务的核算 退货业务的处理与核算 成本的归集与分配 期间费用的核算 主营业务成本的结转 营业税金及附加的计提 营业外收支的核算 利润的结转与分配 所得税的核算	预习思考题 课内练习题 课后复习题
9	财务报告 模拟实训	科目汇总 对账 结账 资产负债表的编制 利润表的编制 会计档案整理和装订	预习思考题 课内练习题 课后复习题

三、模拟实验信息数据

(一)模拟企业简介

1. 基本信息

企业名称:天津市红星啤酒股份有限公司

住所:天津市东丽区第六大道108号

法人代表:刘奇

注册号:1401052009876

企业类型:股份有限公司(一般纳税人)

注册资本:人民币肆仟万元

投资人:天津市红纺集团有限公司,投入资本叁仟万元,持股比例为75%。

天津市旭日股份有限公司,投入资本壹仟万元,持股比例为25%。

经营范围:啤酒生产及销售

设立时间:1996年1月1日

登记机关:天津市工商行政管理局

联系电话:60080066

邮政编码:300506

企业纳税人登记号:12011133557789

企业纳税编码:国税1010118 地税1012468

组织机构代码:75666003—2

开户银行:

中国工商银行股份有限公司东丽支行 账号168230028555 基本账户

中国建设银行股份有限公司东丽支行 账号159233342567 一般账户

2. 企业组织架构及人员构成

天津市红星啤酒股份有限公司组织架构图如图2-1所示。

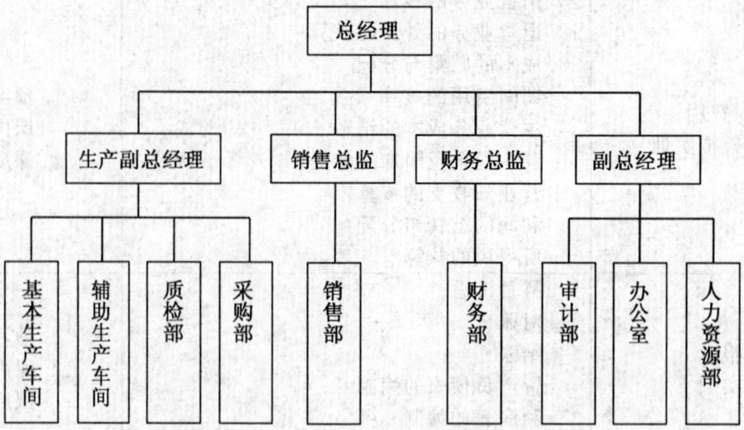

图2-1 红星啤酒股份有限公司组织架构图

公司现有员工 230 人，其人员构成如表 2-2 所示。

表 2-2　公司职工人数统计表

部门		人数
高层管理人员		5 人
基本生产车间	9 度清爽啤酒生产工人	72 人
	10 度淡爽啤酒生产工人	76 人
	车间管理人员	5 人
辅助生产车间	一车间生产工人	18 人
	二车间生产工人	9 人
	车间管理人员	3 人
质检部		6 人
采购部		7 人
销售部	网点销售人员	7 人
	公司销售部人员	3 人
财务部		5 人
审计部		3 人
办公室		6 人
人力资源部		5 人
合计		230 人

3. 企业生产经营范围及主要产品

啤酒的生产及销售。主要产品有：红星 9 度清爽啤酒、红星 10 度淡爽啤酒。

4. 企业财务部门设置及具体分工

企业财务部共有 5 名职员，其中财务经理 1 名，会计 3 名，出纳 1 名，具体分工如下：

(1)财务经理李明，在财务总监的领导下，制定公司的财务会计制度、规定和办法；对企业的日常会计核算和财务管理工作进行组织和管理；组织企业预算制定、监督预算的执行；协助财务总监对成本费用进行审核、控制、分析及考核；管理会计凭证、账簿及会计报表等财务档案；定期进行财务分析，提出建设性的理财政策和建议。

(2)主办会计王芳，协调各会计岗位的具体核算和组织工作；编制固定资产、无形资产、筹资投资等业务的记账凭证；保管公司财务专用章和发票专用章；登记总账，编制财务报表；计提税金并进行税款申报。

(3)成本会计刘飞，负责期间费用、材料采购、存货收发等业务原始凭证的审核并编制记账凭证，进行期间费用、存货及产品成本核算。

(4)销售会计赵红，按规定购买和填开销售发票；负责审核销售业务原始凭证，对销售业务进行账务处理；管理往来款项；登记明细账。

(5)出纳张平，办理现金收付和银行存款结算业务；登记现金和银行存款日记账；保管库存现金和各种有价证券;保管空白收据和空白支票。

(二)企业主要会计政策

1. 账务处理程序

该企业采用科目汇总表账务处理程序,每月月末编制科目汇总表。其账务处理程序如图2-2所示。

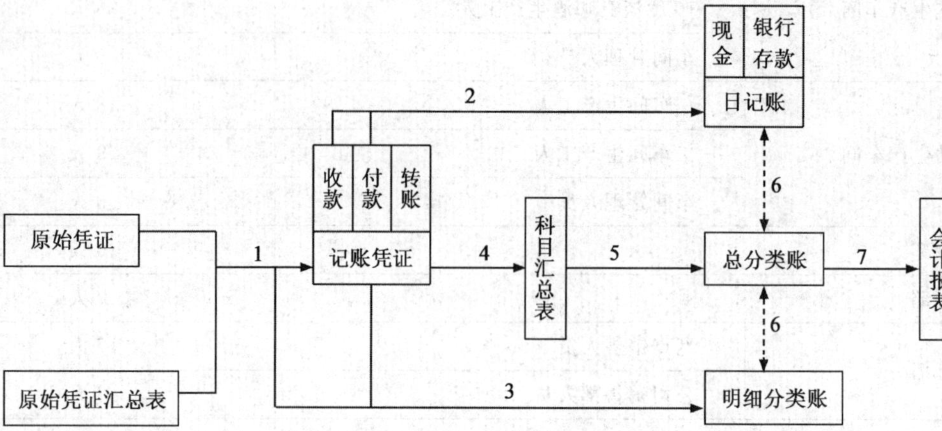

图 2-2 科目汇总表账务处理程序

2. 货币资金核算

库存现金限额25 000元;收入现金必须向对方开具收据作为收款的凭据;支付给职工的现金借款、报销款须经相关领导批准签字;通过银行支付的款项,必须有经领导批准签字的"付款申请单",方可办理。

3. 资产减值准备的计提

采用备抵法核算坏账,年末按应收账款余额的2%计提坏账准备。

4. 存货核算方法

按实际成本法进行日常核算,收入存货必须办理验收入库手续并填制入库单;发出存货应办理发出手续并填制领料单,存货发出按月末一次加权平均法计价;低值易耗品摊销方法采用一次摊销法。

5. 固定资产核算

折旧方法采用年限平均法,各类固定资产预计净残值均为4%,房屋按20年计提折旧,其他固定资产均按5年计提折旧。

6. 成本费用核算

(1)应付职工薪酬的计提。按照国家《劳动法》的规定计算职工工资及补贴;根据天津市社保中心和住房公积金管理中心的有关规定提取五险一金,计提由企业负担的职工养老保险、医疗保险、失业保险、生育保险、工伤保险、住房公积金的比例为职工个人工资总额的20%、10%、2%、0.8%、0.2%、10%;按职工个人工资总额的2%和2.5%计提工会经费和职工教育经费;职工福利费根据当期实际发生的金额计入相应的成本费用。

(2)产品成本核算。

①产品成本计算采用品种法。

②账户设置如表 2-3 所示。

表 2-3　生产成本账户设置

总分类账户（一级账户）	明细分类账户		
	二级	三级	四级
生产成本	基本生产成本	9 度清爽啤酒	直接材料
			直接人工
			制造费用
		10 度淡爽啤酒	直接材料
			直接人工
			制造费用
	辅助生产成本	一车间	无
		二车间	无
制造费用	基本生产车间	无	无
	辅助生产车间	无	无

③成本归集：基本生产车间发生的直接用于具体产品生产的各项成本记入“生产成本-基本生产成本-具体产品-直接材料”等账户，基本生产车间发生的各项间接费用记入“制造费用-基本生产车间”账户，辅助生产车间发生的直接归属于具体车间的各项成本记入“生产成本-辅助生产成本-某车间”账户，辅助生产车间发生的各项间接费用记入“制造费用-辅助生产车间”账户。

④成本分配与结转：辅助生产车间制造费用按各车间生产工人工资比例分配进入“生产成本-辅助生产成本-某车间”，月末无余额；辅助生产车间生产成本按直接分配法分配并结转，月末无余额；基本生产车间制造费用按生产具体产品的工人工资比例进行分配，月末无余额；完工产品与在产品成本核算采用约当产量法。

7. 税费计提方法

企业为一般纳税人，红星 9 度清爽啤酒的计税价格为 40 元/箱，红星 10 度淡爽啤酒的计税价格为 50 元/箱。增值税税率 17%；企业的产品为应税消费品，适用税率为 250 元/吨，1 箱啤酒 10 瓶，每瓶净重 500 克，200 箱啤酒净重 1 吨；城市维护建设税税率为 7%；教育费附加征收率 3%；企业所得税税率 25%，分月预缴，年度终了后汇算清缴。

8. 借款利息的计提

短期借款和长期借款的利息均按月计提。借款利息满足资本化条件的，予以资本化，不满足资本化条件的，计入当期损益。

9. 利润分配

法定盈余公积金的提取比例为 10%；应付给投资者的利润，由股东大会根据当年的获利情况决定。

(三)天津市红星啤酒股份有限公司 2010 年 12 月初建账资料(表 2-4、表 2-5)

表 2-4 2010 年账户年初余额及 11 月份期末余额

科目编号	科目名称	年初余额(元)		11月月末余额(元)	
		借方	贷方	借方	贷方
1001	库存现金	6 400.70		14 890.55	
1002	银行存款	4 566 580.65		5 489 948.27	
100201	工商银行东丽支行	3 654 260.65		2 964 365.31	
100202	建设银行东丽支行	912 320		2 525 582.96	
1012	其他货币资金	1 600 000		2 000 000	
101201	存出投资款	1 600 000		2 000 000	
1121	应收票据	732 000		804 000	
112101	河北金利食品超市	520 000			
112102	蓟县龙南食品超市	212 000		212 000	
112103	北京东盛公司			592 000	
1122	应收账款	6 560 000		7 450 000	
112201	天津宏达食品公司	160 000		250 000	
112202	北京明月超市	2 400 000		2 400 000	
112203	河北联华食品公司	2 000 000		1 200 000	
112204	天津津红超市	2 800 000		2 000 000	
112205	济南海天食品公司		800 000	1 600 000	
1123	预付账款	1 500 000		2 000 000	
112301	河南鼎盛批发公司		500 000	2 100 000	
112302	江西龙昌商贸公司	2 000 000			100 000
1221	其他应收款	12 000		9 700	
122101	王庆国	6 000		6 000	
122102	李丽	6 000		3 700	
1231	坏账准备		32 800		37 250
123101	应收账款		32 800		37 250
1402	在途物资	1 575 000		1 620 000	
140201	大麦芽	1 060 000/260 吨		1 020 000/255 吨	
140202	大米	515 000/160 吨		600 000/200 吨	
1403	原材料	2 387 000		2 763 200	
140301	原料及主要材料	2 334 000		2 693 000	

续表 2-4

科目编号	科目名称	年初余额(元)		11月月末余额(元)	
		借方	贷方	借方	贷方
14030101	大麦芽	1 367 000/350 吨		1 586 000/400 吨	
14030102	酒花	36 000/4 吨		45 000/5 吨	
14030103	大米	776 000/260 吨		895 600/300 吨	
14030104	酵母	155 000/520 千克		166 400/550 千克	
140302	辅助材料	53 000		70 200	
14030201	硅藻土	15 000/6.5 吨		19 600/8.5 吨	
14030202	碱	4 500/3.2 吨		5 500/4 吨	
14030203	消毒水	18 800/3 000 千克		15 600/2 500 千克	
14030204	酶	14 700/1 000 千克		29 500/2 000 千克	
1405	库存商品	7 689 153.78		8 650 327.94	
140501	9 度清爽啤酒	3 674 886.52/163 320 箱		4 983 669.28/221 600 箱	
140502	10 度淡爽啤酒	4 014 267.26/154 390 箱		3 666 658.66/141 050 箱	
1411	周转材料	1 890 000		2 492 400	
141101	低值易耗品	94 000		105 400	
14110101	桶	17 000/80 个		23 400/110 个	
14110102	工作服	40 000/200 套		50 000/250 套	
14110103	劳保用品	37 000/740 件		32 000/650 件	
141102	包装物	1 796 000		2 387 000	
14110201	啤酒瓶	1 500 000/300 万只		2 000 000/400 万只	
14110202	啤酒瓶盖	60 000/300 万只		80 000/400 万只	
14110203	商标(9 度啤酒)	30 000/300 万张		40 000/400 万张	
14110204	纸箱	150 000/30 万只		200 000/40 万只	
14110205	商标(10 度啤酒)	56 000/560 万张		67 000/670 万张	
1503	可供出售金融资产	475 000		475 000	
150301	成本	525 000		525 000	
15030101	华夏稳增基金	525 000		525 000	
150302	公允价值变动		50 000		50 000
15030201	华夏稳增基金		50 000		50 000
1511	长期股权投资	2 175 000		2 175 000	
151101	成本	2 000 000		2 000 000	

续表 2-4

科目编号	科目名称	年初余额(元)		11月月末余额(元)	
		借方	贷方	借方	贷方
15110101	宝成公司	2 000 000		2 000 000	
151102	损益调整	175 000		175 000	
15110201	宝成公司	175 000		175 000	
1601	固定资产	25 109 000		37 025 800	
160101	管理用固定资产	7 690 000		13 540 000	
16010101	房屋及建筑物	5 667 800		8 667 800	
16010102	办公设备	1 722 600		4 557 300	
16010103	其他	299 600		314 900	
160102	生产用固定资产	17 419 000		23 485 800	
16010201	房屋及建筑物	5 498 000		6 498 000	
16010202	机器设备	9 478 900		14 167 600	
16010203	运输设备	2 279 000		2 631 800	
16010204	其他	163 100		188 400	
1602	累计折旧		4 712 456.81		5 198 953.76
1604	在建工程	1 660 000		1 660 000	
1701	无形资产	276 500		287 900	
170101	商标权	215 000		215 000	
170102	其他	61 500		72 900	
1702	累计摊销		67 980		75 320
2001	短期借款		2 500 000		3 600 000
200101	建设银行东丽支行		2 500 000		3 600 000
2201	应付票据		750 000		870 000
220101	河北海天玻璃厂		750 000		
220102	北京惠农食品公司				870 000
2202	应付账款		2 480 000		3 360 000
220201	武汉白沙农副食品公司		620 000		1 380 000
220202	天津宝山农副食品公司		955 000		1 050 000
220203	河北纸箱厂		30 000	50 000	
220204	天津鸿风印刷厂		80 000		60 000
220205	北京元海啤酒用品公司		795 000		920 000
220206	北京林茂农副食品公司		2 650 000		2 650 000
2203	预收账款		1 500 000		1 460 000

续表 2-4

科目编号	科目名称	年初余额(元)		11月月末余额(元)	
		借方	贷方	借方	贷方
220301	天津莲花超市		500 000	200 000	
220302	北京华明食品公司		1 000 000		1 660 000
2211	应付职工薪酬		500 397.64		526 339.02
221101	职工工资奖金及补贴		305 197.64		320 519.02
221103	养老保险		80 600		84 800
221104	医疗保险		40 300		42 400
221105	失业保险		8 060		8 480
221106	生育保险		3 224		3 392
221107	工伤保险		806		848
221108	住房公积金		40 300		42 400
221109	工会经费		9 840		12 560
221110	职工教育经费		12 070		10 940
2221	应交税费		1 269 572.36		1 473 190.98
222101	应交增值税				
22210101	应交增值税(进项税额)			11 455 528.54	
22210102	应交增值税(销项税额)				19 835 561.92
22210104	应交增值税(转出未交)			8 380 033.38	
222102	未交增值税		657 000		734 000
222103	应交消费税		367 000		498 500
222104	应交城市维护建设税		71 680		86 275
222105	应交教育费附加		30 720		36 975
222106	应交个人所得税		13 172.36		14 440.98
222107	应交企业所得税		130 000		103 000
2231	应付利息		36 900		45 600
223101	短期借款利息		12 500		18 000
223102	长期借款利息		24 400		27 600
2241	其他应付款		84 630		89 040
224101	养老保险		32 240		33 920

续表 2-4

科目编号	科目名称	年初余额(元)		11 月月末余额(元)	
		借方	贷方	借方	贷方
224102	医疗保险		8 060		8 480
224103	失业保险		4 030		4 240
224104	住房公积金		40 300		42 400
2501	长期借款		3 000 000		3 000 000
250101	工商银行东丽支行		3 000 000		3 000 000
4001	股本		40 000 000		40 000 000
400101	红纺集团有限公司		30 000 000		30 000 000
400102	旭日股份有限公司		10 000 000		10 000 000
4002	资本公积		890 000		890 000
400201	股本溢价		890 000		890 000
4101	盈余公积		685 000		685 000
410101	法定盈余公积		685 000		685 000
4103	本年利润				14 764 000
4104	利润分配		1 779 762.45		725 468.59
410410	未分配利润		1 779 762.45		725 468.59
5001	生产成本	4 725 864.13		4 531 995.59	
500101	基本生产成本	4 725 864.13		4 531 995.59	
50010101	9 度清爽啤酒	2 689 294.39		2 654 647.41	
5001010101	直接材料	1 169 773.07		1 136 095.46	
5001010102	直接人工	460 826.38		487 072.62	
5001010103	制造费用	1 058 694.94		1 031 479.33	
50010102	10 度淡爽啤酒	2 036 569.74		1 877 348.18	
5001010201	直接材料	875 692.34		826 757.61	
5001010202	直接人工	385 602.16		376 882.15	
5001010203	制造费用	775 275.24		673 708.42	

表 2-5　2010 年 1—11 月损益类科目累计发生额

科目编号	科目名称	累计借方(元)	累计贷方(元)
6001	主营业务收入		
600101	9 度清爽啤酒		59 503 760
600102	10 度淡爽啤酒		55 525 650
6051	其他业务收入		1 650 366

续表 2-5

科目编号	科目名称	累计借方(元)	累计贷方(元)
6401	主营业务成本		
640101	9度清爽啤酒	36 509 541.51	
640102	10度淡爽啤酒	31 139 262.12	
6402	其他业务成本	1 392 755.73	
6403	营业税金及附加	4 264 374.86	
6701	资产减值损失		
670101	计提的坏账准备	34 450	
6602	管理费用		
660201	办公费	815 678.32	
660202	印花税	12 366.48	
660203	业务招待费	667 895	
660204	差旅费	576 522.85	
660205	职工薪酬	2 987 072	
660206	水电费	250 684.36	
660207	折旧费	1 248 890.4	
660208	无形资产摊销	52 781.63	
660209	其他	153 461.85	
6601	销售费用		
660101	广告宣传费	12 389 700	
660102	职工薪酬	565 440.25	
660103	其他	560 652.94	
6603	财务费用		
660301	手续费支出	10 634	
660302	利息支出	403 962.37	
660303	现金折扣	659 680	
6711	营业外支出		
671101	捐赠支出	2 200 000	
671102	报废固定资产损失	69 056	
6111	投资收益		67 800
6101	公允价值变动损益	97 380	
6801	所得税费用	4 921 333.33	

第三章　货币资金模拟实训设计与实施

一、实训目标和要求

(一)实训目标

通过实训使学生了解银行结算方式的种类和特点,熟悉与货币资金业务所涉及的原始凭证、货币资金管理的相关规定和办法,掌握货币资金各项经济业务账户的设置、原始凭证的填制与审核;记账凭证的填制与审核、日记账的登记方法,重点掌握备用金的核算、现金清查的方法及核算、银行存款的清查、其他货币资金的核算。

(二)实训要求

(1)预习货币资金内容,完成预习思考题。

(2)了解模拟企业基本信息和相关数据,明确模拟实验的会计主体和会计分期。

(3)启用账簿,根据各账户的期初余额,开设日记账、明细账、总账。

(4)进行模拟实验时,仔细审核原始凭证,熟悉相关票据的格式及填制方法,按规范填制记账凭证。

(5)课后复习,完成布置的习题。

二、模拟实训内容设计

(一)习题训练

预习思考题

(1)什么是货币资金,包括哪些内容?

(2)如何进行现金的管理?

(3)现金控制的基本内容包括哪些?

(4)如何进行现金清查?现金盘盈和盘亏如何进行账务处理?

(5)企业在银行可以开立哪些账户,各有什么特点?

(6)有哪些银行结算方式?各种结算方式的特点与适用性?

(7)什么是未达账项,未达账项有几种情况,如何编制银行存款余额调节表?

(8)其他货币资金的内容,如何核算其他货币资金?

课内练习

一、单项选择题

①企业存放在银行的信用卡存款,应通过(　)账户进行核算。

A. 其他货币资金　　B. 银行存款

C. 在途货币资金　　D. 库存现金

②下列情形中,不违背《内部会计控制规范——货币资金(试行)》规定的“确保办理货币资金业务的不相容岗位相互分离、制约和监督”原则的是(　)。

A. 由出纳人员兼任会计档案保管工作

B. 由出纳人员保管签发支票所需全部印章

C. 由出纳人员兼任收入明细账的登记工作

D. 由出纳人员兼任固定资产明细账的登记工作

③对于银行已经收款而企业尚未入账的未达账项,企业应做的处理为(　)。

A. 以“银行对账单”为原始记录将该业务入账

B. 根据“银行存款余额调节表”和“银行对账单”自制原始凭证入账

C. 在编制“银行存款余额调节表”的同时入账

D. 待有关结算凭证到达后入账

④ 企业在现金清查中,在未查明原因前,应计入的会计账户是(　)。

A. 财务费用　　B. 管理费用

C. 待处理财产损溢　　D. 其他应收款或其他应付款

⑤在企业的银行账户中,不能办理现金支取的账户是(　)。

A. 基本存款账户　　B. 一般存款账户

C. 临时存款账户　　D. 专用存款账户

二、多项选择题

①商业汇票按其承兑人不同,可分为(　)。

A. 商业承兑汇票　　B. 银行汇票

C. 银行本票　　D. 银行承兑汇票

E. 信用卡

②现金溢缺的核算涉及的会计科目有(　)。

A. 其他应收款　　B. 财务费用

C. 营业外收入　　D. 营业外支出

E. 待处理财产损益

③其他货币资金包括(　)。

A. 外埠存款　　B. 银行本票存款

C. 银行承兑汇票　　D. 信用卡存款

E. 信用证存款　　F. 存出投资款

④导致企业银行存款日记账与银行存款对账单的金额在同一日期不一致的情况有(　)。

A. 企业已记银行存款增加,而银行尚未办妥入账手续的款项

B. 银行已记企业存款增加,而企业尚未接到收款通知,尚未记账的款项

C. 企业已记银行存款减少，而银行尚未支付入账的款项

D. 银行已记企业的存款减少，而企业尚未接到付款通知，尚未记账的款项

E. 企业根据银行存款账单登记账簿

⑤下列各项中，符合《现金管理暂行条例》规定可以用现金结算的有（ ）。

A. 向个人收购农副产品支付的价款　　B. 向企业购买大宗材料支付的价款

C. 支付给职工个人的劳务报酬　　D. 出差人员随身携带的差旅费

E. 根据国家规定颁发给个人的科学技术、文化技术、体育等各种奖金

三、判断题

①为加强现金管理制度，一笔现金业务应由一人单独处理。（ ）

②在资产中，库存现金的流动性最强。（ ）

③专用存款账户不得办理取现业务。（ ）

④银行存款余额调节表是专门用于调整银行存款日记账的凭证。（ ）

⑤现金清查一般采用永续盘存法。（ ）

四、计算题及业务处理题

①资料：光明公司在现金清查中，发现现金短缺 150 元，经查，其中 100 元为多付业务员李刚的差旅费，其余 50 元无法查明原因，报经批准处理。

要求：根据上述经济业务，做现金短缺的会计处理。

②资料：光明公司 2008 年 7 月 31 日基本存款账户银行存款日记账余额为 81 000 元，银行送来的对账单的余额为 124 500 元。经逐笔核对，发现以下未达账项：

送存银行转账支票 90 000 元，企业已登记银行存款增加，但银行尚未入账。

企业开出转账支票 67 500 元，但持票单位尚未到银行办理转账。

企业委托银行代收某公司购货款 72 000 元，银行已收妥并登记入账，但企业尚未收到收账通知，尚未入账。

银行代企业支付电话费 6 000 元，银行已登记企业银行存款减少，但企业尚未收到银行付款通知，尚未记账。

要求：编制银行存款余额调节表对银行存款余额进行核对。

③资料：光明公司因采购原材料的需要，向银行申请办理银行汇票，金额为 50 000 元，银行受理后签发银行汇票和解讫通知；业务员持银行汇票前往外地采购原材料，并用银行汇票支付材料价款 40 000 元，增值税进项税额为 6 800 元；会计部门收到银行转来的余款收账通知。

要求：根据上述经济业务，进行相关的会计处理。

课后复习题

一、单项选择题

①企业的货币资金包括（ ）。

A. 短期投资、应收账款、其他货币资金　　B. 库存商品、原材料、银行存款

C. 短期借款、长期借款、现金　　D. 现金、银行存款、其他货币资金

②银行本票的付款期限为（ ）。

A. 1 个月　　B. 2 个月　　C. 3 个月　　D. 6 个月

③支票结算的有效期是( )。

A. 3 天　　B. 5 天　　C. 8 天　　D. 10 天

④商业汇票的承兑期限最长不超过( )。

A. 3 个月　　B. 5 个月　　C. 6 个月　　D. 9 个月

⑤下列各项中,不通过“其他货币资金”账户核算的是( )。

A. 信用卡存款　　B. 备用金

C. 信用证存款　　D. 银行本票存款

二、多项选择题

①企业在下列支出中允许使用现金的有( )。

A. 职工薪酬、奖金　　B. 个人劳务报酬

C. 向某企业购买材料 5 000 元　　D. 向个人收购农副产品的价款

E. 职工预借差旅费

②托收承付结算方式的当事人有( )。

A. 委托人　　B. 托收银行

C. 代收银行　　D. 付款人

E. 贴现银行

③现金管理必须做到( )。

A. 出纳人员兼管会计档案　　B. 日清月结

C. 保持大量库存现金　　D. 现金收入当日入账

E. 出纳人员定期轮换

④ 既适用于同城又适用于异地的结算方式有( )。

A. 委托收款结算方式　　B. 银行本票结算方式

C. 支票结算方式　　D. 商业汇票结算方式

E. 银行汇票结算方式

三、判断题

①企业可以根据经营需要,在一家或几家银行开立基本存款账户。( )

②其他货币资金是指除库存现金、银行存款以外的处于货币形态的资金,包括银行汇票和备用金等。( )

③商品销售后,采用托收承付结算或委托收款结算,编制的会计分录是相同的。( )

④企业日常结算和现金收付业务,都应通过基本存款账户办理。( )

⑤未达账项是指企业与银行之间由于凭证传递上的时间差,一方已登记入账而另一方尚未入账的账项。( )

四、计算题及业务处理

① 资料:佳好有限责任公司核定的现金库存限额为 5 000 元,2010 年 5 月 1 日库存现金日记账余额为 758 元。5 月发生下列现金收支业务:

1 日,经理王川出差归来,报销差旅费 2 400 元。王川原借款 2 000 元,报销时结清原借款后,补付现金 400 元。

3 日,从银行提取现金 4 000 元备零星开支用。

6 日，以现金购买办公用品 560 元，当即交付各办公室使用。

10 日，车间主任李明因公出差，预借差旅费 2 000 元，以现金付讫。

12 日，以现金支付车间办公费 256 元。

22 日，出租包装物一批，收到租金 2 000 元。

31 日，清查发现现金短缺 5 元，属于企业定额内短缺。

要求：根据上述经济业务编制会计分录。

②资料：光明公司在现金清查中，发现现金溢余 300 元，经查，其中 200 元为少付业务员张强的差旅费，另有 50 元为多收海洋公司租借包装物的押金，其余 50 元无法查明原因，报经批准处理。

要求：根据上述经济业务，做现金溢余的会计处理。

③资料：某工厂 2010 年 9 月份发生下列其他货币资金业务。

3 日，企业为到外地采购一批甲材料，通过银行汇出款项 8 500 元，建立采购专户；

10 日，收到 3 日采购甲材料的发票账单，货款及外地运杂费计 7 200 元，增值税进项税额 1 224 元，材料已入库，收回上项采购材料专户余款存入银行结算账户；

15 日，企业为到外地采购材料，到银行申请签发面额为 35 000 元的银行汇票；

20 日，上项购入的材料已验收入库，货款及外地运杂费计 28 000 元，增值税 4 760 元，以银行汇票结算；将上述银行汇票的余额转回银行结算账户。

要求：根据上述经济业务编制会计分录。

五、拓展题

写一篇关于货币资金内部管理的小论文，字数 1 000 字以上。

(二)模拟实验

1. 1 日,出纳开出工商银行东丽支行的现金支票,提取现金 8 000 元。

原始凭证:现金支票存根

中国工商银行
现金支票存根
B D 00025437
科目＿＿＿＿＿＿＿＿
对方科目＿＿＿＿＿＿
出票日期 2010 年 12 月 1 日

收款人:天津市红星啤酒有限公司
金　额:8 000
用　途:备用金

单位主管:李明　　　会计:王芳

2. 7 日,向建设银行东丽支行申请银行汇票一张,票面金额 1 500 000 元,收款人为北京昌平玻璃厂,交采购员王宁采购啤酒瓶和啤酒瓶盖。银行收取邮电费 7.5 元,手续费 1 元。

原始凭证:银行汇票申请书(存根)、银行收费凭证

中国建设银行汇票申请书(存根)　　No. 00004103

申请日期:2010 年 12 月 7 日　　　　第　号

<table>
<tr><td>申请人</td><td>天津市红星啤酒有限公司</td><td colspan="3">收款人</td><td colspan="7">北京昌平玻璃厂</td></tr>
<tr><td>账　号
或住址</td><td>159233342567</td><td colspan="3">账　号
或住址</td><td colspan="7">030123543778</td></tr>
<tr><td>用　途</td><td>购货款</td><td colspan="3">代　理
付款行</td><td colspan="7"></td></tr>
<tr><td rowspan="2">汇票金额</td><td rowspan="2">人民币(大写):壹佰伍拾万元整</td><td>千</td><td>百</td><td>十</td><td>万</td><td>千</td><td>百</td><td>十</td><td>元</td><td>角</td><td>分</td></tr>
<tr><td>¥</td><td>1</td><td>5</td><td>0</td><td>0</td><td>0</td><td>0</td><td>0</td><td>0</td><td>0</td></tr>
<tr><td colspan="2">备注</td><td colspan="10">建行东丽支行 业务专用章
对方科目＿＿＿＿＿＿＿＿
财务主管　　　复核　　　经办</td></tr>
</table>

此联申请人留存

银行汇票申请书(一式三联)
第一联(存根):签发行受理盖章后交汇款人作记账凭证;
第二联(借方凭证):签发办理汇票款项转账作借方凭证。如交存现金,则本联注销;
第三联(贷方凭证):签发行作出款转存的贷方凭证。

中国建设银行业务收费凭证(第五联)

五联　转账■　现金□　　　　　　2010 年 12 月 7 日

交费单位	天津市红星啤酒有限公司								备注
账号	159233342567	金额							
收费种类	摘要	万	千	百	十	元	角	分	
邮电费						7	5	0	
工本费									
手续费						1	0	0	
									建设银行东丽支行 20101207 转讫
合计人民币	大写:捌元伍角整				¥	8	5	0	银行签章

会计主管:张波　　　　　　审核:齐红　　　　　　记账:李娜

3. 7 日,从工商银行东丽支行账户开出转账支票 300 000 元到本单位建设银行东丽支行账户。

原始凭证:转账支票(存根)、银行进账单

中国工商银行
转账支票存根
B B 00049521
科目____________
对方科目____________
出票日期 2010 年 12 月 7 日

收款人:	天津市红星啤酒有限公司
金　额:	300 000
用　途:	备用

单位主管:李明　　　会计:王芳

中国建设银行进账单(收款通知)　3

2010 年 12 月 7 日　　　　第 52685 号

付款人			收款人		
付款人	全　称	天津市红星啤酒有限公司	收款人	全　称	天津市红星啤酒有限公司
	账　号	168230028555		账　号	159233342567
	开户银行	工行东丽支行		开户银行	建行东丽支行

人民币(大写)		千	百	十	万	千	百	十	元	角	分
	叁拾万元整		¥	3	0	0	0	0	0	0	0

票据种类	转账支票	建设银行东丽支行 20101207 缴 拟 转讫
票据号码	B B 00049521	
票据张数		
单位主管　会计　复核　记账		受理银行盖章

此联是收款人开户行交给持票人的收款通知

4. 7 日，将现金 3 000 元存入银行。

原始凭证：现金缴款单

中国工商银行现金缴款单(回单)

2010 年 12 月 7 日

缴款单位	全称	天津市红星啤酒有限公司	款项来源	备用金
	账号	168230028555	缴款部门	财务部

人民币(大写)：叁仟元整	百	十	万	千	百	十	元	角	分
			¥	3	0	0	0	0	0

票面	张数	十	万	千	百	十	元	票面	张数	千	百	十	元	角	角
百元	30			3	0	0	0	二元							
五十元								一元							
十元								角票							
五元								分币							

工行东丽支行 20101207 缴 拟 转讫

(收款银行盖章)

此联由银行盖章后退回单位

现金缴款单(一式三联)：

第一联(回单)：缴款单位开户行收存现金盖章后退回单位作记账凭证；

第二联(贷方凭证)：缴款单位开户行作收款贷方凭证；

第三联(存根)：开户银行存底备查。

5. 9 日，向银行申请签发银行本票一张，金额为 152100 元，交采购员王宁向天津鸿风印刷厂采购 9 度清爽啤酒商标及纸箱。手续费 1 元。

原始凭证：银行收费凭证、银行本票申请书（存根）

中国建设银行业务收费凭证（第五联）

五联　转账■　现金□　　　　　2010 年 12 月 9 日

交费单位	天津市红星啤酒有限公司								备注
账号	159233342567	金额							
收费种类	摘要	万	千	百	十	元	角	分	
邮电费									
工本费									
手续费						1	0	0	
									建设银行东丽支行 20101209 转讫
合计人民币	大写：壹元整				¥	1	0	0	银行签章

会计主管：张波　　　　　审核：齐红　　　　　记账：李娜

中国建设银行本票申请书（存根）　1　No. 0004106

申请日期：2010 年 12 月 9 日　　　　　第　号

申请人	天津市红星啤酒有限公司	收款人	天津鸿风印刷厂
账号或住址	159233342567	账号或住址	04027365145321
用途	购货款	代理付款行	

本票金额	人民币（大写）：壹拾伍万贰仟壹佰元整	千	百	十	万	千	百	十	元	角	分
			¥	1	5	2	1	0	0	0	0

备注	
建行东丽支行 业务专用章	科　目________ 对方科目________ 财务主管　　复核　　经办

此联申请人留存

银行本票申请书（一式三联）：

第一联（存根）：签发行受理盖章后交付款人作记账凭证；

第二联（借方凭证）：签发行办理本票款项转账作借方凭证，如交存现金，则本联注销；

第三联（贷方凭证）：签发行作本票款转存的贷方凭证。

6. 10日，进行现金不定期清查，日记账上库存现金余额为19 890.55元，库存现金实点数为19 785.15元。现金短缺105.40元。

原始凭证：库存现金盘点表

库存现金盘点表

2010年12月10日

单位名称		红星啤酒有限公司									
盘点项目		库存人民币现金				复核人				李明	
会计期间或截止日			2010年12月1日至2010年12月10日								
清点现金			核对账目								
面值	数目	金额(元)	年	月	日	至	年	月	日	项目	金额(元)
100元	190	19 000	10	12	1		10	12	10	现金账目余额	19 890.55
50元	9	450								加：收入凭证未记账	
20元	9	180								减：付出凭证未记账	
10元	13	130								加：跨日收入	
5元	4	20								减：跨日借条	
2元	1	2								调整后现金余额	19 890.55
1元	3	3								实点现金	19 785.15
5角										加：储蓄存款	
2角										现金、存折合计	19 785.15
1角	1	0.1								长款	
5分										短款	105.4
2分											
1分	5	0.05									
实点	合计	19 785.15									

会计主管：李明　　　　盘点人：刘飞　　　　出纳：张平

7. 10 日，经查实，现金短缺为出纳张平责任，由张平赔偿。

原始凭证：库存现金短缺处理意见

库存现金短缺处理意见

财务部于本月 10 日按照单位财务管理规定对库存现金进行了不定期清查，清查结果如下：库存现金日记账余额为 19 890.55 元，库存现金实有数为 19 785.15 元，现金短缺 105.4 元。经研究决定，认为该短缺款属出纳工作差错，由出纳张平赔偿。

财务部
李明
2010 年 12 月 10 日

审批：同意财务部意见！刘奇

8. 11 日，出纳张平上交短缺赔款 105.4 元。

原始凭证：收款收据

收款收据

No. 330025

2010 年 12 月 11 日

交款人：张平

人民币(大写) 壹佰零伍元肆角整　(写)￥ 105.4

交款事由：现金短缺赔款

盖章：昌里啤酒公司 财务专用章　收款人：张平

9. 12 日，向昌平玻璃厂采购的 200 万只啤酒瓶和啤酒瓶盖已验收入库，增值税专用发票上注明啤酒瓶价款 1 000 000 元，税额 170 000 元，啤酒瓶盖价款 40 000 元，税额 6 800 元采购员王宁用银行汇票结算，实际结算金额为 1 216 800 元。

原始凭证：入库单、增值税专用发票(发票联、抵扣联)、建设银行银行汇票 3(解讫通知)

付款期限 壹个月

中国建设银行
银行汇票（解讫通知）　　3　（津）$\frac{BA}{01}$0225140445

出票日期（大写）：贰零壹零年壹拾贰月壹拾贰日　　代理付款行：中国建设银行东丽支行　　行号：10301047

收款人：北京昌平玻璃厂　　账号：06227805691533

出票金额　人民币（大写）　壹佰伍拾万元整

实际结算金额　人民币（大写）　壹佰贰拾壹万陆仟捌佰元整

千	百	十	万	千	百	十	元	角	分
¥	1	2	1	6	8	0	0	0	0

申请人：天津市红星啤酒股份有限公司　　账号：168230028555

出票行：中国建设银行东丽支行　行号：10301047

备　注：采购酒瓶及瓶盖

代理付款行签章

复核　　经办

建行东丽支行 20101212 转讫

密押：

多余金额

千	百	十	万	千	百	十	元	角	分
	¥	2	8	3	2	0	0	0	0

复核　　记账

此联代理付款兑付后随报单寄出票行由出票行作多余款贷方凭证

国统一发票监制 国家税务总局监制

增值税专用发票

抵扣联

开票日期：2010年12月12日　　　　No. 00254895

购货单位	名称	天津市红星啤酒有限公司			密码区	<071409+/8*5742/3590 加密版本号:01 51+/<30+42+/22<4/5/>1 806<<5-129-9+0-91312 7846672632 4/*6753>>2-8+859/>>40 5650642	
	纳税人识别号	12011133557789					
	地址、电话	天津市东丽区第六大道108号60080066					
	开户行及账号	中国建设银行东丽支行159233342567					
货物及应税劳务名称	规格型号	单位	数量	单价	金额	税率	税额
啤酒瓶		万只	200	0.5	1,000,000.00	17%	170,100.00
啤酒瓶盖		万只	200	0.02	40,000.00	17%	6,800.00
						%	
						%	
合计					1,040,000.00	%	176,800.00
价税合计(大写)	零仟壹佰贰拾壹万陆仟捌佰零拾零元零角零分					(小写)	1,216,800.00
销货单位	名称	北京昌平玻璃厂			备注		
	纳税人识别号	110102798730224					
	地址、电话	北京市昌平区红日路39号58247836					
	开户行及账号	中国建设银行昌平支行06227805691533					

第一联　抵扣联　购货方抵扣凭证

北京昌平玻璃厂 110102798730224 发票专用章

收款人：郑燕　　　　销货单位(盖章)

商品验收及入库单

供货单位:昌平玻璃厂　　2010 年 12 月 12 日　　No. 31124290

名称	规格型号	进价				检验	
		单位	数量	单价	金额(元)	合格	不合格
啤酒瓶		只	2 000 000	0.5	1 000 000	2 000 000	
啤酒瓶盖		只	2 000 000	0.02	40 000	2 000 000	
合　计					1 040 000		

仓库负责人:孙宁　　检验人:赵天　　收货人:钱星

增值税专用发票
发票联

开票日期:2010 年 12 月 12 日　　No. 00254895

购货单位			密码区	
购货单位	名称	天津市红星啤酒股份有限公司	密码区	<071409+/8*5742/3590　加密版本号:01
	纳税人识别号	12011133557789		51+/<30+42+/22<4/5/>1
	地址、电话	天津市东丽区第六大道 108 号 60080066		806<<5-129-9+0-91312　7846672632
	开户行及账号	中国建设银行东丽支行 159233342567		4/*6753>>2-8+859/>>40　5650642

货物及应税劳务名称	规格型号	单位	数量	单价	金额	税率	税额
啤酒瓶		万只	200	0.5	1,000,000.00	17%	170,000.00
啤酒瓶盖		万只	200	0.02	40,000.00	17%	6,800.00
						%	
						%	
合计					1,040,000.00	%	176,800.00
价税合计(大写)	零仟壹佰贰拾壹万陆仟捌佰零拾零元零角零分					(小写)	1,216,800.00

销货单位		
销货单位	名称	北京昌平玻璃厂
	纳税人识别号	110102798730224
	地址、电话	北京市昌平区红日路 39 号 58247836
	开户行及账号	中国建设银行昌平支行 06227805691533

收款人:郑燕　　销货单位(盖章)

北京昌平玻璃厂 110102798730224 发票专用章

第二联　发票联购货方记账凭证

10. 14 日，收到建行通知，采购啤酒瓶的银行汇票结算多余款项 283 200 元，已划回建行。原始凭证：银行汇票（多余款收账通知）

付款期限 壹个月

中国建设银行
银行汇票（多余款收账通知）　　4　（津）$\frac{BA}{01}$0225140445

出票日期（大写）　贰零壹零 年壹拾贰月壹拾肆日　　代理付款行：中国建设银行昌平支行　　行号：10302021

收款人：天津市红星啤酒股份有限公司　　账号：159233342567

出票金额　人民币（大写）　~~壹佰伍拾万元整~~

实际结算金额　人民币（大写）　壹佰贰拾壹万陆仟捌佰元整

千	百	十	万	千	百	十	元	角	分
¥	1	2	1	6	8	0	0	0	0

申请人：天津市红星啤酒股份有限公司　　账号：159233342567

出票行：中国建设银行东丽支行　行号：10301047

备　注：

出票行签章　（建行东丽支行 20101214 转讫）　　年　月　日

密押：

多余金额

千	百	十	万	千	百	十	元	角	分
	¥	2	8	3	2	0	0	0	0

左列退回多余金额已收入你账户内

此联出票行结清多余款后交申请人

三、模拟实训实施

(一)本章知识要点

1.基本概念及理论

货币资金按其存放地点和用途,分为库存现金、银行存款和其他货币资金。企业必须按国务院颁布的《现金管理暂行条例》规定的现金使用范围使用现金,根据银行核定的库存现金限额存放现金,严格遵守现金收支的有关管理规定,建立现金内部控制制度。企业开设银行账户有四种类型:基本存款账户、一般存款账户、临时存款账户、专用存款账户,企业只能选择一家银行的一个营业机构开立一个基本存款账户,一般存款账户不能支取现金。其他货币资金主要包括外埠存款、银行汇票存款、银行本票存款、信用证、信用卡存款和存出投资款。

2.会计分录

(1)现金溢余

发现盘盈时　　借:库存现金

　　贷:待处理财产损溢——待处理流动资产损溢

查明原因后　　借:待处理财产损溢——待处理流动资产损溢

　　贷:营业外收入——现金盈余(原因不明)

　　　其他应付款——应付现金盈余(应支付给有关单位或人员)

(2)现金短缺

发现盘亏时　　借:待处理财产损溢——待处理流动资产损溢

　　贷:库存现金

查明原因后　　借:其他应收款——应收现金短缺款(责任人赔偿)

　　其他应收款——应收保险赔款(保险公司赔偿)

　　管理费用——现金短缺(原因不明)

　　贷:待处理财产损溢——待处理流动资产损溢

(3)其他货币资金核算

转入时　　借:其他货币资金——外埠存款、银行汇票存款等

　　贷:银行存款

支付时　　借:原材料等科目

　　应交税费——应交增值税(进项税额)

　　贷:其他货币资金——外埠存款、银行汇票存款等

多余款转回开户银行时　　借:银行存款

　　贷:其他货币资金——外埠存款、银行汇票存款等

3.实务操作

(1)凭证编号。为了便于记账凭证与账簿的核对,了解记账凭证是否齐全。记账凭证一般是按月顺序编号,即每月从第一天第一笔会计事项的分录从第一号编起,顺序编至月末,也可按库存现金、银行存款、转账分类编号。一笔分录一般只需要填一张记账凭证,编一个号,如果发生复杂的会计事项,一张记账凭证写不完一笔分录,需要填写两张以上的记账凭证时,可采用"分数编号法",即加编分号,例如,4 号会计事项分录有三张记账凭证,加编的分号为 4 1/3

号、4 2/3 号、4 3/3 号。

(2)登记日记账和明细账。

①登记账簿的时间:日记账的登记时间,出纳人员应该根据办理完毕的收付款记账凭证,逐笔顺序登记库存现金与银行存款日记账,每日终了要结出余额。

明细账的登记时间,可以根据原始凭证,汇总的原始凭证或记账凭证逐日进行登记,也可以根据这些凭证定期(3 天或 5 天)登记,各项债权债务明细账应每日登记,以便随时与对方结算;财产物资明细账也要每天登记,以便随时核对存货余额。

②登记账簿的基本规则:登记账簿记录中的日期。登记会计账簿时,不论是当天记账,还是定期记账,账簿记录中的日期都要填写记账凭证上的日期,因为记账凭证是登记账簿的依据。发现漏记账目时,应进行补记,补记日期仍按原记账凭证日期填写,并在"摘要"栏加注"补记"字样。

记账时,除"附件张数"以外,凭证编号、经济内容摘要、金额等内容,都要记入账簿内,以便从账簿上了解某一经济事项的全部内容,还可以根据"凭证号码"进行查对。

登账后,要在记账凭证上签名或盖章,并注明已经登账的符号,表示已经记账。记账符号一般用"√"表示。

各种账簿按页次顺序连续登记,不得跳行和隔页。如发生时,应将空行和空页画线注销,或注明"此行空白"或"此页空白"字样,并由记账人员盖章。一张账页的正、背面,只能设置一个账户;也不能只在账页的正面记账,背面不记账。一张账页正、背面记满后,新开的账页上必须填写同前页的账户名称。

凡需要结出余额的账户,应在"借或贷"等栏内写明"借"或"贷"字样,没有余额的写"平"字,并在余额栏用"θ"表示,"θ"应写在"元"位处。

登记账簿必须用蓝黑墨水或碳素墨水书写,不得使用圆珠笔或铅笔,以便于账簿记录的长期保存。特殊记账使用红色墨水,会计中的红字表示负数,使用红色墨水记账的情况包括:登记红字冲账的记账凭证;在不设借贷等栏的多栏式账页中,登记减少数;在三栏式账户的余额栏前,若没有注明余额方向的,在余额栏内登记反方向余额等。

登记账簿时书写的文字和数字不要写满格,一般占格 1/2,以便更正。发生差错时,不得刮、擦、挖、补或用退色药水更改,应将错误的文字或数字用红色墨水画线注销,在画线上方写上正确内容,并加盖个人印章。

为了保持账目记录的连续性,每一账页登记完毕结转下页时,应结出本页合计数及余额,写在本页最后一行和下页第一行有关栏内,并在摘要栏内加盖"过次页"和"承前页"印章,以保持账目记录的连续性。

(3)支票填制。出票日期必须使用中文大写。在填写月、日时,月为 1、2 和 10 的,日为1～9 和 10、20 和 30 的,应在其前加写"零"字。例如,"2010 年 10 月 09 日",应写成"贰零壹零年零壹拾月零玖日"。日为 11～19 的,应在其前加写"壹"字。例如,"2010 年 1 月 18 日",应写成"贰零壹零年零壹月壹拾捌日"。支票上的收款人、付款行名和签发人栏目及账号应写单位的全称或个人的姓名,不得简写。签发人签章处应加盖签发人在银行预留的签章(称为印鉴),一般使用本单位的财务专用章和法人代表的人名章。支票上的大、小写金额、日期和收款人若填写错误,不得修改,需作废重填。支票填制可以手写也可以机打。

(4)银行存款余额调节表的编制。银行存款日记账应定期与银行对账单进行核对,如发现双方余额不一致,出纳应及时查明原因,属于记账差错的,要立即进行更正。属于未达账项的,应编制“银行存款余额调节表”进行调整，经过调整，银行存款日记账与银行对账单的余额应一致。银行存款余额调节表只是为了核对账目，不能作为调整银行存款账面余额的记账依据。银行存款余额调节表格式如下：

银行存款余额调节表

年　　月　　日

项目	金额	项目	金额
企业银行存款日记账余额		银行对账单余额	
加：银行已收，而企业未收		加：企业已收，而银行未收	
减：银行已付，而企业未付		减：企业已付，而银行未付	
调整后的存款余额		调整后的存款余额	

(5)银行结算方式比较。

结算方式	适用及特点	核算科目
支票	同城结算，付款期限一般为出票日起10日内，手续简便灵活	通过“银行存款”账户核算
汇兑	异地结算，划拨款项简单、灵活	通过“银行存款”账户核算
托收承付	异地结算，必须有购销合同结算起点一般在1万元以上，收款方主动托收，付款方承认付款，银行进行监督	办理好托收承付手续后，先记入“应收账款”，收到款项后，借记“银行存款”账户
委托收款	同城和异地结算，收款单位委托银行收款，不受金额起点限制	通过“银行存款”账户核算
银行汇票	异地结算，使用灵活，兑现性强，付款期限为出票日起1个月内	支付方，通过“其他货币资金——银行汇票存款”账户核算；收到方，进账后记入“银行存款”
银行本票	同城结算，信誉高，支付功能强，付款期限最长不超过两个月	支付方，通过“其他货币资金——银行本票存款”账户核算；收到方，进账后记入“银行存款”
信用证	国际结算	通过“其他货币资金——信用证保证金存款存款”账户核算
信用卡	同城和异地结算	通过“其他货币资金——信用卡存款”账户核算
商业汇票	同城和异地签有购销合同的结算，期限由交易双方协商确定，最长不超过6个月	收到商业汇票方，确认“应收票据”，开出商业汇票方，确认“应付票据”

(二)实训重点及难点内容

(1)现金盘点及盘点结果处理；

(2)支票、汇兑、银行汇票、银行本票等银行结算方式的特点和流程；

(3)其他货币资金核算；

(4)货币资金的控制与管理方法。

(三)实训具体实施方法

1. 教学内容分析

货币资金内容较少，比较容易。因为货币资金涉及企业很多经济业务的处理，属于中级财务会计课程中最基础的章节。

基本理论知识比较容易理解。如库存现金的管理和控制制度、银行账户类型及特点、其他货币资金的内容等知识。

会计分录编制非常简单。如现金收付、现金溢余或短缺、银行存款收付、其他货币资金会计核算。

实务操作内容比较多。如支票的填制、银行存款余额调节表的编制、日记账的登记、各种银行结算方式的适用和流程、银行票据的辨认和审核等。其中各种银行结算方式的适用和流程比较繁琐。

货币资金的管理和控制方法属于企业财务管理中的重要内容，除了书中介绍的管理和控制制度和方法，还需要引导学生去搜集相应的案例和资料进行分析，培养学生财务管理的意识。

2.课时分配与安排

货币资金核算计划课时为2课时，其中模拟实训为2课时，不安排理论课。由于该章内容较少且比较容易，采取让学生预习自学本章全部内容，教师选择适量习题在实训课中进行练习和检查，通过模拟实验讲解本章重点内容的方式来进行。

3.实训流程

(1)课前预习。本章基本理论和账务处理都比较简单，教师在课前强调预习要求和要点，布置预习思考题，让学生通过自学完成预习思考题，理解本章的基本理论和账务处理。

(2)课中实训。课中实训由两部分组成，一是有选择性地做一部分课中练习，通过练习来检查学生预习的效果，发现学生预习中存在的问题；二是按下列程序进行模拟实验：

①发放模拟实验所需的材料和用品；

②指导学生根据模拟企业的相关信息及期初数据进行期初建账；

③指导学生根据本章模拟实验的资料进行原始凭证的辨认与审核，编制记账凭证，编号并登记日记账和明细账。

在指导学生进行模拟实验的过程中，指导老师结合本章教学内容，重点讲解银行票据的辨认和审核方法，支票、汇兑、银行本票、银行汇票等银行结算方式的适用和流程，货币资金核算，银行存款余额调节表的编制等实务操作，增加学生的感性认识，让学生在做中学，促进学生对相关知识点的理解。

(3)课后复习。在进行课前预习和课中实训后，要求学生从以下两个方面进行课后复习：

①要求学生将模拟实验在课堂上没有完成的部分在课后独立完成，复习模拟实验实务操作的要点；

②做课后复习题。

第四章　应收款项模拟实训设计与实施

一、实训目标和要求

(一)实训目标

通过实训使学生了解应收款项的构成和性质,熟悉应收款项的确认及会计处理原则,掌握应收款项账户的设置、相关业务原始凭证的分析与审核、记账凭证的填制与审核,重点掌握应收账款、应收票据、预付账款、其他应收款的核算,现金折扣的计算及会计处理,坏账准备的计提及坏账损失的会计处理。

(二)实训要求

(1)预习应收款项内容,完成预习思考题。

(2)进行模拟实验时,仔细分析审核原始凭证,根据原始凭证判断经济业务内容,按业务内容规范填制记账凭证。

(3)课后复习,完成布置的习题。

二、模拟实训内容设计

(一)习题训练

预习思考题

(1)应收账款核算的内容?应收账款有什么特点?

(2)商业折扣和现金折扣有什么不同?

(3)什么是坏账损失,如何确认坏账损失?

(4)应收票据到期值、票据贴现金额如何计算?

(5)什么是预付账款?它和应收账款的主要区别是什么?

(6)什么是其他应收款?其他应收款的核算内容有哪些?

课内练习

一、单项选择题

①预付账款不多的企业,可以不设"预付账款"账户,而将预付的款项记入(　)。

A."应收账款"账户的借方　　B."应收账款"账户的贷方

C."应付账款"账户的借方　　D."应付账款"账户的贷方

②收到的带息商业汇票应于资产负债表日计提利息,计提利息时冲减(　)。

A.管理费用　　B.财务费用　　C.销售费用　　D.营业外支出

③企业销售产品收到的商业承兑汇票，若到期时承兑人无力偿还票款，则应将其转入的账户是（　）。

A. 应收账款　　B. 应付账款　　C. 应收票据　　D. 应付票据

④下列各项中，不通过“其他应收款”账户核算的是（　）。

A. 为职工垫付的房租　　B. 应收保险公司的赔款

C. 应向购货方收取的代垫运费　　D. 存出保证金

⑤一张票面金额为 1 000 元，利率为 8%，90 天到期的带息票据，企业已持有 30 天，如此时按 9%的贴现率进行贴现，该企业可实收贴现金额为（　）元。

A. 1 000　　B. 1 020　　C. 1 004.70　　D. 1 012.50

二、多项选择题

①按照企业会计准则的规定，下列各项目中，可以作为应收账款初始确认金额的有（　）。

A. 销售产品价款　　B. 增值税销项税额

C. 现金折扣　　D. 代垫运杂费

②采用备抵法核算坏账损失时，估计坏账损失的主要方法有（　）。

A. 应收账款余额百分比法　　B. 账龄分析法　　C. 销货百分比法

D. 先进先出法　　E. 总额法

③在采用备抵法核算坏账损失的企业，下列各项中，计提坏账准备的项目有（　）。

A. 应收账款　　B. 预付账款　　C. 应收票据

D. 长期应收款　　E. 其他应收款

④企业内部各部门、各单位周转使用的备用金，可以通过（　）账户核算。

A. 库存现金　　B. 其他应收款　　C. 备用金

D. 银行存款　　E. 其他货币资金

⑤计算带息商业汇票的到期值时，应考虑的因素是（　）。

A. 票面利率　　B. 票据面值　　C. 票据期限

D. 贴现期限　　E. 贴现利率

三、判断题

①不带息的票据贴现所得等于票据面值减去贴现息之差。（　）

②企业会计准则规定，企业一般采用应收账款余额百分比法按月计提坏账准备金。（　）

③商品销售中发生的商业折扣在应收账款中不予反映。（　）

④如果企业未设置“预付账款”账户，表明该企业不存在预付账款的业务。（　）

⑤应收及预付款项是企业的资产。（　）

四、计算题及业务处理

①资料：企业于 2010 年 8 月 1 日将一张 12 月 1 日到期，年利率为 6%，出票日期为 7 月 1 日，面值为 200 000 元的商业承兑汇票向银行贴现，贴现率为 9%。

要求：计算贴现的净额并进行相关的会计处理。

②资料：某企业采用应收账款余额百分比法估计坏账损失，坏账准备的提取比例为 4%。2009 年年末应收账款余额为 800 000 元，坏账准备账户期初余额为 0 元。2010 年发生坏账损失 4 000 元，该年末应收账款余额为 980 000 元。2011 年发生坏账损失 12 000 元，上年已冲销的应收账款中又收回 2 000 元。年末应收账款余额为 600 000 元。

要求:计算各年提取的坏账准备金额并进行相关的会计处理。

③资料:企业于 2010 年 10 月发生下列经济业务,做出相关的会计处理。

1 日,销售给乙公司 A 产品 100 件,每件售价 200 元,价款 2 万元,增值税 3 400 元。以银行存款支付商品运费 500 元,根据发货证明及有关单证办妥托收手续。

5 日,销售给丙公司 B 产品 500 件,每件售价 150 元,增值税税率 17%,发票注明“2/10;1/20;n/30”,货款未收。现金折扣不考虑增值税。

11 日,收到银行转来收款通知,乙公司货款 23 900 元已收妥入账。

14 日,收到银行转来收款通知,丙公司汇来 B 产品货款 86 250 元。

课后复习

一、单项选择题

①企业按规定提取的坏账准备,应记入(　)。

A. 财务费用　　B. 管理费用　　C. 资产减值损失　　D. 其他业务成本

②企业将票面金额 50 000 元,年利率 8%,期限为 90 天带息商业承兑汇票,提前 45 天申请贴现,贴现率 12%,所得贴现额为(　)。

A. 51 000　　B. 49 235　　C. 53 250　　D. 50 235

③企业在采用总价法核算的情况下,发生的现金折扣应作为(　)处理。

A. 主营业务成本　　B. 财务费用　　C. 销售费用　　D. 管理费用

④企业为职工垫付的各种款项应当在(　)账户中核算。

A. 应收账款　　B. 预收账款　　C. 应收票据　　D. 其他应收款

⑤下列各项,不构成应收账款入账价值的有(　)。

A. 赊销商品的价款　　B. 代购货方垫付的保险费

C. 代购货方垫付的运杂费　　D. 销售货物发生的商业折扣

二、多项选择题

①下列各项中,属于企业的应收及预付款项的有(　)。

A. 应收票据　　B. 应收股利　　C. 应收账款

D. 预付账款　　E. 其他应收款

②应收账款的核算范围包括(　)。

A. 应收销售商品的货款　　B. 应收提供劳务的账款

C. 应收保险公司赔款　　D. 应收固定资产租金

E. 应收包装物押金

③作为应收票据核算的有(　)。

A. 转账支票　　B. 银行承兑汇票　　C. 银行汇票

D. 银行本票　　E. 商业承兑汇票

④坏账准备账户的借方登记(　)。

A. 计提的坏账准备　　B. 发生的坏账损失

C. 冲销多计提的坏账准备　　D. 已核销又收回的坏账

⑤属于预付账款核算范围的有(　)。

A. 预付给工程承包单位款　　B. 采购人员预借差旅费

C. 预付材料采购款　　　　　　　　　D. 备用金

三、判断题

①应收票据是企业在销售商品、提供劳务时采用商业汇票结算而产生的债权。（ ）

②企业的债权在收回时，都应当取得货币资金。（ ）

③企业办理应收票据贴现必定会借记财务费用。（ ）

④按现行制度规定应收账款的入账金额包括商业折扣，但不包括现金折扣。（ ）

⑤企业支付的包装物押金和收取的包装物押金均应通过“其他应收款”科目核算。（ ）

四、计算题及业务处理

①资料：企业 2010 年 12 月份发生下列应收账款业务。

5 日，企业销售甲产品一批，价款 5 600 元，增值税税率 17%，款项暂欠。

10 日，企业销售材料一批，货款 1 200 元，增值税税率 17%，收到转账支票一张，金额 1 000 元，余款暂欠。

20 日，销售甲产品所欠货款 4 300 元改用商业汇票结算，收到商业承兑汇票一张，金额 4 300 元，期限 4 个月。

要求：做出上述业务的会计处理。

②资料：企业坏账损失采用应收账款余额百分比法核算。2010 年初“坏账准备”科目贷方余额为 4 800 元，坏账准备计提比例为 0.5%，2010 年发生的经济业务如下。

3 月 2 日，3 年前销售给光明工厂的丙产品应收账款 8 000 元，已无法收回，经批准作坏账损失处理。

4 月 5 日，上月已确认为坏账的光明工厂货款又收回 3 000 元，存入银行。

12 月 31 日，经查应收账款年末余额为 1 200 000 元，计提坏账准备。

要求：根据上述资料，编制会计分录。

③资料：某企业 2010 年发生如下的经济业务。

1 月 8 日，销售产品一批，不含税价款为 185 000 元，款项尚未收到，已办妥托收手续，适用的增值税税率为 17%。

1 月 18 日，收到购货单位交来的 4 个月的商业承兑汇票一张，面值为 216 450 元，用以抵赊销款。

5 月 18 日，收到商业承兑汇票的金额并存入银行。

6 月 1 日，销售产品一批，该批产品的价款为 60 000 元，增值税税率为 17%，收到购货单位发来的期限为 3 个月、利率为 5%的商业承兑汇票一张。企业按半年度计提利息。

7 月 5 日，向 A 企业销售产品一批，销售价格为 80 000 元，增值税率为 17%，规定的现金折扣条件为 3/10，n/30，采用总价法进行核算。（假定折扣不考虑增值税）

7 月 10 日，A 企业付款。

8 月 5 日，向胜利公司预先支付货款 50 000 元。

8 月 25 日，收到胜利公司交来的产品价值 40 000 元，增值税金额为 6 800 元，退回多余款。

8 月 26 日，企业对办公室拨付定额备用金 5 000 元。

8 月 29 日，办公室报销购买办公用品费用 800 元。

要求：根据上述经济业务，进行相关的会计处理。

(二)模拟实验

1. 2日，河北昌盛啤酒经销商采购9度清爽啤酒20 000箱，不含税价款40元/箱，10度淡爽啤酒30 000箱，不含税价款50元/箱，企业已开出增值税专用发票，发票上注明价款2 300 000元，增值税391 000元。货款尚未收到。双方签订合同约定："3/20，2/30，n/40"。折扣不考虑增值税。

原始凭证：产品销售合同、产品出库单、增值税专用发票(记账联)

产品销售合同

合同号：017

甲方(供货方)：红星啤酒股份有限公司

乙方(采购方)：河北昌盛啤酒经销有限公司

依据《中华人民共和国合同法》、《产品质量法》等有关法律、法规，甲乙双方经友好协商，自愿订立本合同，以便共同遵守。

1. 产品名称、单位、数量及价格

产品名称	单位	数量	售价(含税)	金额(元)
9度清爽啤酒	箱	20 000	46.8元/箱	936 000
10度淡爽啤酒	箱	30 000	58.5元/箱	1 755 000
合计人民币金额(大写)：贰佰陆拾玖万壹仟元整			(小写)：¥2 691 000.00	

2. 质量保证和承诺

产品质量标准按照国家食品安全标准执行。

3. 付款方式及期限

乙方应于收到甲方所供货物后的 三个月 内付清全部合同款项，并按3/20，2/30，n/40的现金折扣方式享受现金折扣，折扣不考虑增值税。

4. 违约责任及纠纷处理

如无产品质量问题，乙方不能以任何理由退货。乙方延迟付款1～5天，每天按迟付金额的0.1%计算违约金；5天以上按迟付金额的0.3%计算违约金。本合同在执行过程中产生争议，双方应采取协商解决或由工商行政管理部门调解，协商或调解不成的，可依法向人民法院诉讼，双方当事人同意接受甲方所在地人民法院的司法管辖。

本合同一式二份，双方各执一份，甲乙双方法定代表人或委托代理人签字并加盖合同章后生效。

甲方盖章：红星啤酒股份有限公司
法定代表人(委托代理人)：方伟
联系电话：022-60080068
联系地址：天津市东丽区第六大道108号
签订日期：2010年11月25日

乙方盖章：河北昌盛啤酒经销有限公司
法定代表人(委托代理人)：李梅
联系电话：0311-32056734
联系地址：河北省石家庄市梨园路326号
签订日期：2010年11月25日

产品出库单

2010 年 12 月 02 日　　　　No. 533133

购货单位	产品名称及型号	单位	数量	备注
河北昌盛啤酒经销有限公司	9 度清爽啤酒	箱	20 000	
	10 度淡爽啤酒	箱	30 000	

仓库负责人：孙宁　　　　经办人：钱星　　　　提货人：万伟

全国统一发票监制章
河北
国家税务总局监制

增值税专用发票

记账联

开票日期：2010 年 12 月 02 日　　　　No. 02154633

购货单位			密码区
	名称	河北昌盛啤酒经销有限公司	＜071409＋/8＊5742/3590　加密版本号：01 51＋/＜30＋42＋/22＜4/5/＞1 806＜＜5－129－9＋0－91312　7846672632 4/＊6753＞＞2－8＋859/＞＞40　5650642
	纳税人识别号	140503692345671	
	地址、电话	河北省石家庄市梨园路 325 号 32056734	
	开户行及账号	中国工商银行河北分行 81254378063278	

货物及应税劳务名称	规格型号	单位	数量	单价	金额	税率	税额
9 度清爽啤酒		箱	20,000	40.00	800,000.00	17%	136,000.00
10 度淡爽啤酒		箱	30,000	50.00	1,500,000.00	17%	255,000.00
						%	
						%	
合计					2,300,000.00	%	391,000.00
价税合计(大写)	零仟贰佰陆拾玖万壹仟零佰零拾零元零角零分					(小写)	2,691,000.00

销货单位			备注
	名称	天津市红星啤酒股份有限公司	
	纳税人识别号	12011133557789	
	地址、电话	天津市东丽区第六大道 108 号 60080066	
	开户行及账号	中国工商银行东丽支行 168230028555	

收款人：张平　　　　销货单位(盖章)

第三联　记账联销售方记账凭证

2. 7日，石家庄市大宏食品有限公司购买9度清爽啤酒50 000箱，不含税价款40元/箱，10度淡爽啤酒60 000箱，不含税价款50元/箱，企业已开出增值税专用发票，发票上注明价款5 000 000元，增值税850 000元。企业代垫运费2 000元，收到为期三个月的商业承兑汇票一张。

原始凭证：付款申请单、商业承兑汇票、发货单、增值税专用发票（记账联）、工商银行东丽支行转账支票

付款申请单

2010年12月7日　　No. 5268702793

付款部门：销售部		申请人：万伟	
付款原因：销售产品代垫运费			
付款方式：现金	转账支票√	电汇	其他
付款金额：人民币（大写）：贰仟元整		小写：￥2 000.00	
收款单位：天津大发物流公司		银行付讫	
开户银行及账号：中国交通银行西青支行 063679802342536			

单位负责人：刘奇　　财务经理：李明　　部门负责人：洪强　　审核：王芳　　出纳：张平

商业承兑汇票　　2　$\frac{AA}{01}$ 0052846655

出票日期（大写）：贰零壹零年壹拾贰月零柒日

<table>
<tr><td rowspan="3">付款人</td><td>全　称</td><td>石家庄市大宏食品有限公司</td><td rowspan="3">收款人</td><td>全　称</td><td colspan="9">天津市红星啤酒股份有限公司</td><td rowspan="9">此联持票人开户行随托收凭证寄付款人开户行作借方</td></tr>
<tr><td>账　号</td><td>04002781002560</td><td>账　号</td><td colspan="9">168230028555</td></tr>
<tr><td>开户银行</td><td>中国建设银行京东区支行</td><td>开户银行</td><td colspan="9">中国工商银行东丽支行</td></tr>
<tr><td rowspan="2">出票金额</td><td colspan="3" rowspan="2">人民币（大写）：伍佰捌拾伍万贰仟元整</td><td>千</td><td>百</td><td>十</td><td>万</td><td>千</td><td>百</td><td>十</td><td>元</td><td>角</td><td>分</td></tr>
<tr><td>￥</td><td>5</td><td>8</td><td>5</td><td>2</td><td>0</td><td>0</td><td>0</td><td>0</td><td>0</td></tr>
<tr><td>汇票到日期（大写）</td><td colspan="2">贰零壹壹年零叁月零柒日</td><td rowspan="2">付款人开户行</td><td>行　号</td><td colspan="9">10302530</td></tr>
<tr><td>交易合同号码</td><td colspan="2">2010121201</td><td>地　址</td><td colspan="9">河北省石家庄市京东路</td></tr>
<tr><td colspan="3">承兑人签章
承兑日期：　　年　月　日</td><td colspan="11">本票请予以承兑到期日付款
明洪印礼　石家庄市大宏食品有限公司 财务专用章
出票人签章</td></tr>
</table>

产品出库单

2010 年 12 月 07 日　　　　No. 533134

购货单位	产品名称及型号	单位	数量	备注
石家庄市大宏食品有限公司	9 度清爽啤酒	箱	50 000	
	10 度淡爽啤酒	箱	60 000	

仓库负责人：孙宁　　　　经办人：钱星　　　　提货人：万伟

全国统一发票监制章 国家税务总局监制

增值税专用发票

记账联

开票日期：2010 年 12 月 07 日　　　　No. 02154634

购货单位			密码区
名称	石家庄市大宏食品有限公司		<071409+/8*5742/3590　加密版本号：01
纳税人识别号	140503692335245		51+/<30+42+/22<4/5/>1
地址、电话	河北省石家庄市京东路 98 号 33058238		806<<5-129-9+0-91312　7846672632
开户行及账号	中国建设银行京东区支行 04002781002560		4/*6753>>2-8+859/>>40　5650642

货物及应税劳务名称	规格型号	单位	数量	单价	金额	税率	税额
9 度清爽啤酒		箱	50 000	40.00	2,000,000.00	17%	340,000.00
10 度淡爽啤酒		箱	60 000	50.00	3,000,000.00	17%	510,000.00
						%	
						%	
合计					5,000,000.00	%	850,000.00
价税合计(大写)	零仟伍佰捌拾伍万零仟零佰零拾零元零角零分					(小写)	5,850,000.00

销货单位		备注
名称	天津市红星啤酒股份有限公司	
纳税人识别号	12011133557789	
地址、电话	天津市东丽区第六大道 108 号 60080066	
开户行及账号	中国工商银行股份有限公司东丽支行 168230028555	

第三联　记账联　销售方记账凭证

收款人：张平　　　　销货单位(盖章)

中国工商银行
转账支票存根
B D 00049527
科目______________
对方科目__________
出票日期 2010 年 12 月 07 日

收款人:天津市大发物流公司
金　额:2 000
用　途:运费

单位主管:李明　　　会计:王芳

3. 7 日,收到工商银行通知,河北昌盛啤酒经销商 2 日购买产品的货款 2 622 000 元已通过中国银行网上银行支付并到账。按照合同约定,购货方享受 3%的现金折扣。

原始凭证:工商银行汇入款项通知书、现金折扣计算表

现金折扣计算表

2010 年 12 月 7 日

客户名称:河北昌盛啤酒经销有限公司	
应收货款(大写):贰佰陆拾玖万壹仟元整	￥2 691 000.00
现金折扣比例:3%	
现金折扣(大写):陆万玖仟元整	￥69 000.00
实际结算金额(大写):贰佰陆拾贰万贰仟元整	￥2 622 000.00

审批:李明　　　审核:王芳　　　制单:赵红

工商银行汇入汇款通知书(来账)

2010 年 12 月 7 日

公司名称:天津市红星啤酒股份有限公司
收款人账号:168230028555
收款人地址:天津市东丽区第六大道 108 号
入账金额(大写):人民币贰佰陆拾贰万贰仟元整　　金额(小写):￥2 622 000.00
业务编号:1025860000２010-12-1678　　入账日期:2010-12-7
汇入行行名:中国工商银行东丽支行
汇出行行名:中国银行河北分行
汇出日期:2010-12-05　　汇出编号:00065268

汇款人账号:81254378063278
汇款人名称:河北昌盛啤酒经销有限公司
汇款人地址:河北省石家庄市梨园路 325 号
附　　言:
备　　注:
授　　权:　　　复核:　　　经办:
银行签章:

工行东丽支行
20101207
转讫

4. 11 日，销售部高圆圆预借差旅费 5 000 元，前往深圳参加招商会议。

原始凭证：借款单

借 款 单

2010 年 12 月 11 日

借款单位：销售部	借款人：高圆圆
借款原因：借支差旅费	
借款金额：人民币（大写）伍仟元整	小写￥5 000.00 现金付讫
付款方式：现金√ 支票 电汇 其他	

单位负责人：刘奇 财务经理：李明 部门负责人：王强 审核：王芳 出纳：张平

5. 14 日，企业收到银行入账通知单，河北联华食品公司所欠货款 1 200 000 元，已经划入本企业账户。

原始凭证：建设银行东丽支行收款通知

中国建设银行

CHINA CONSTRUCTION BANK

付款人账号：81254378062134	付款人名称：河北联华食品有限公司
收款人账号：159233342567	收款人名称：天津市红星啤酒股份有限公司
付款人开户行行号：10203018	收款人开户行行号：10301047
发起行行号：10203018	发起行名称：中国工商银行河北分行
接受行行号：10301047	接受行名称：中国建设银行东丽支行
币种：RMB 人民币：壹佰贰拾万元整	交易金额：1,200,000.00
附言：支付货款	
报单日期：20101212 支付交易序号：10120201	建行东丽支行 20101214 转讫 业务种类：汇兑
	⊙普通汇兑 ○加急汇兑
交易种类：⊙大额 ○小额	

6. 14 日，预付北京长城啤酒用品有限公司货款 150 000 元。

原始凭证：建设银行电汇单

银行电汇凭证（回单） 1

■普通 □加急　　　　委托日期：2010 年 12 月 14 日

汇款人	全　称	天津市红星啤酒股份有限公司	收款人	全　称	北京长城啤酒用品有限公司
	账　号	159233342567		账　号	186225786612
	汇出地点	省 天津 市/县		汇入地点	省 北京市/县
汇出行名称		建行东丽支行	汇入行名称		中国银行中关村支行
金额	人民币（大写）	壹拾伍万元整			

亿	千	百	十	万	千	百	十	元	角	分
		¥	1	5	0	0	0	0	0	0

建行东丽支行 20101214 转讫 汇出行签章	支付密码 附加信息及用途： 复核：　　记账：

此联为汇出行给汇款人的回单

7. 16 日，蓟县龙南食品超市开出的期限为 3 个月的商业承兑汇票到期，票面金额为 212 000 元，对方如期兑付。

原始凭证：商业承兑汇票、委托收款凭证（建设银行东丽支行收账通知）

委托收款凭证（收账通知） 4

委托日期：2010 年 12 月 16　　付款期限：2010 年 12 月 16 日

业务类型		委托收款（□邮划、■电划）　托收承付（□邮划、□电划）						
付款人	全　称	蓟县龙南食品超市			收款人	全称	天津市红星啤酒股份有限公司	
	账　号	02053241278132				账号	159233342567	
	地　址	蓟县朝阳路 67 号	开户行	建行蓟县支行		地址	东丽区第六大道108 号	开户行 建行东丽支行
金额	人民币（大写）：贰拾壹万贰仟元整							

亿	千	百	十	万	千	百	十	元	角	分
		¥	2	1	2	0	0	0	0	0

款项内容	货款	委托收款凭据名称	商业承兑汇票	附寄单证张数	1 张
商品发运证件		合同名称号码		023	
备注： 复核：李红 记账：吴倩		上列款项已划回收入你方账户内。 建行东丽支行 20101216 转讫 收款人开户银行签章 2010 年 12 月 16 日			

此联付款人开户行凭以汇款或收款人开户行作收账通知

商业承兑汇票

2　$\frac{AA}{01}$0013901125

出票日期(大写):贰零壹零年零玖月壹拾陆日

付款人	全　称	蓟县龙南食品超市	收款人	全　称	天津市红星啤酒股份有限公司
	账　号	68542220001456		账　号	159233342567
	开户银行	建行蓟县支行		开户银行	建行东丽支行

出票金额	人民币（大写）	贰拾壹万贰仟元整	千	百	十	万	千	百	十	元	角
				¥	2	1	2	0	0	0	0

汇票到期日（大写）	贰零壹零年壹拾壹月壹拾陆日	付款人开户行	行　号	53021
交易合同号码	023		地　址	天津市蓟县朝阳路67号
本汇票已经承兑，到期无条件支付票款 承兑人签章 承兑日期:2010年12月16日		本票请予以承兑到期日付款 出票人签章		

此联持票人开户行随托收凭证寄付款人开户行作借方

8. 17日,销售部王庆国报销业务招待费800元,财务部以现金补足其定额备用金。

原始凭证:天津市餐饮行业专用发票、费用报销单

市服务业务统一发票

No. 37738384

客户:天津红星啤酒有限公司　　地址:东丽区第六大道108号　　日期:2010年12月17日

品名	单位	数量	单价	金额 十	万	千	百	十	元	角	分
餐费							8	0	0	0	0
合计人民币大写	捌佰元整					¥	8	0	0	0	0
备注											

发票专用章(未盖章无效):　　开票人:张丽　　收款人:李方

②发票联

费用报销单

单位:销售部　　　　2010 年 12 月 17 日　　　　编号:701423

<table>
<tr><td>开支内容</td><td>金额</td><td>结算方式</td></tr>
<tr><td>业务招待费</td><td>800.00</td><td rowspan="7">1.冲借款____元
2.转　账____元
3.汇　款____元
4.现金付讫￥800.00元
现金付讫</td></tr>
<tr><td></td><td></td></tr>
<tr><td></td><td></td></tr>
<tr><td></td><td></td></tr>
<tr><td></td><td></td></tr>
<tr><td>金额小计</td><td>￥800.00</td></tr>
<tr><td colspan="2">合计(大写):捌佰元整</td></tr>
</table>

单位负责人:刘奇　　会计:李明　　经手人:王庆国　　出纳:张平

9. 19 日,销售部高圆圆出差回来报销差旅费,其中交通费 1 192 元,住宿费 2 400 元,业务招待费 480 元。余款退回。

原始凭证:差旅费报销单、专用收据、发票(略)

差旅费报销单

部门名称:销售部　　　　填报日期:2010 年 12 月 19 日　　　　金额:4 072 元

<table>
<tr><td colspan="2">姓名</td><td>高圆圆</td><td>职务</td><td></td><td>出差时间</td><td colspan="4">2010 年 12 月 01 日至 2010 年 12 月 19 日</td></tr>
<tr><td colspan="2">出差事由</td><td colspan="8">前往深圳参加招商会议</td></tr>
<tr><td colspan="2">日期</td><td colspan="2">起止地点</td><td colspan="2">运输工具</td><td rowspan="2">住宿费
(元)</td><td rowspan="2">伙食补贴
(元)</td><td rowspan="2">招待费用
(元)</td><td rowspan="2">其他费用
(元)</td></tr>
<tr><td>月</td><td>日</td><td>起</td><td>止</td><td>类别</td><td></td></tr>
<tr><td>12</td><td>01</td><td>天津</td><td>深圳</td><td>火车</td><td>596.00</td><td>2 400.00</td><td></td><td>480.00</td><td></td></tr>
<tr><td>12</td><td>18</td><td>深圳</td><td>天津</td><td>火车</td><td>596.00</td><td></td><td></td><td></td><td></td></tr>
<tr><td></td><td></td><td></td><td></td><td></td><td></td><td></td><td></td><td></td><td></td></tr>
<tr><td></td><td></td><td></td><td></td><td></td><td></td><td></td><td></td><td></td><td></td></tr>
<tr><td colspan="5">小　计</td><td>1 192.00</td><td>2 400.00</td><td></td><td>480.00</td><td></td></tr>
<tr><td colspan="2">总计金额
(大写)</td><td colspan="8">肆仟零柒拾贰元整</td></tr>
</table>

审批:李明　　　　审核:赵红　　　　填报人:高圆圆

收款收据

2010 年 12 月 19 日　　　　No. 1158945

交款单位	高圆圆	交款方式	现金										
人民币（大写）	玖佰贰拾捌元		万	千	百	十	万	千	百	十	元	角	分
								¥	9	2	8	0	0
交款事由	退回预借差旅费												

第三联　记账联

收款单位：（天津红星啤酒股份有限公司 财务专用章）　　会计：赵红　　出纳：张平

10. 25 日，向天津雪花啤酒厂销售大麦芽 200 吨，每吨不含税价款 5 000 元/吨，增值税专用发票上注明价款 1 000 000 元，增值税 170 000 元。已办理工商银行托收承付手续。

原始凭证：工商银行托收承付回单（第一联）、增值税专用发票（记账联）

增值税专用发票

（全国统一发票监制章 国家税务总局监制）

记账联

开票日期：2010 年 12 月 25 日　　　　No. 02154635

购货单位	名称	天津雪花啤酒厂	密码区：<071409＋/8＊5742/3590　加密版本号：01 51＋/<30＋42＋/22<4/5/>1 806＜＜5－129－9＋0－91312 7846672632 4/＊6753>>2－8＋859/>>40　5650642
	纳税人识别号	120008789457328	
	地址、电话	天津市南开区红旗路 321 号 22485360	
	开户行及账号	中国建设银行南开支行红旗路分理处 03201345678902	

货物及应税劳务名称	规格型号	单位	数量	单价	金额	税率	税额
大麦芽		吨	200	5,000.00	1,000,000.00	17%	170,000.00
						%	
						%	
						%	
合计					1,000,000.00	%	170,000.00
价税合计（大写）	零仟壹佰壹拾柒万零仟零佰零拾零元零角零分					（小写）	1,170,000.00

销货单位	名称	天津市红星啤酒股份有限公司	备注
	纳税人识别号	12011133557789	
	地址、电话	中国工商银行东丽支行 168230028555	
	开户行及账号	天津市东丽区第六大道 108 号 60080066	

第三联　记账联销售方记账凭证

收款人：张平　　　　销货单位（盖章）

托收凭证（受理回单） 1

委托日期：2010 年 12 月 25

业务类型		委托收款（□邮划、□电划）　托收承付（□邮划、■电划）						
付款人	全　称	天津雪花啤酒厂			收款人	全称	天津市红星啤酒股份有限公司	
	账　号	03201345678902				账号	168230028555	
	地　址	天津市南开区红旗路 321 号	开户行	建行南开支行红旗路分理处		地址	东丽区第六大道 108 号	开户行：工商银行东丽支行

金额	亿	千	百	十	万	千	百	十	元	角	分
人民币（大写）：壹佰壹拾柒万元整		¥	1	1	7	0	0	0	0	0	0

款项内容	货款	托收凭据名称	购货合同	附寄单证张数	3
商品发运证件		合同名称号码	05668		

备注：	款项收妥日期	工商银行东丽支行 业务专用章
复核：　　记账：	年　月　日	收款人开户银行签章 2010 年 12 月 25 日

此联作收款人开户银行给收款人的受理回单

11. 26 日，应收天津宏达食品公司货款 250 000 元，由于该应收账款账龄超过 3 年，且公司发生财务困难，预计只能收回 80%的款项，不能收回的款项经批准同意确认坏账。

原始凭证：坏账核销申请单

坏账核销申请

公司领导：

我公司于 2007 年 10 月份 63 号凭证确认的应收天津宏达食品公司货款 250 000 元，由于该应收账款账龄超过 3 年，且天津宏达食品公司目前财务困难，预计只能收回 200 000 元，无法收回的 50 000 元应确认为坏账。

财务部：李明

领导审批：刘奇

2010 年 12 月 26 日

三、模拟实训实施

(一)本章知识要点

1. 基本概念及理论

应收款项是指企业在销售商品、提供劳务等日常活动中形成的各项应收债权，主要包括应收票据、应收账款、预付账款、其他应收款等。企业的各种应收款项应当按实际发生额记账，并分项单独列示于资产负债表中。应收票据是指企业持有的，尚未到期兑现的商业汇票，按票据承兑人不同分为商业承兑汇票和银行承兑汇票，按票据是否带利息分为带息票据和不带息票据。应收账款是指企业因销售商品、提供劳务等业务，应向购货单位或个人收取的款项，企业应于确认有关销售商品收入或提供劳务收入的同时确认应收账款，应收账款的会计处理方法有总价法和净价法两种，我国会计准则规定用总价法进行会计处理。预付账款是指企业为取得生产经营所需的材料物资等而按照合同规定预付给供应单位的款项。其他应收款是指除应收账款、应收票据、预付账款等以外的其他各种应收、暂付款项。企业应在资产负债表日，对应收款项进行减值测试，分析各项应收款项的可能收回性，估计坏账损失，采用备抵法计提坏账准备。

2. 会计分录

(1)应收票据会计处理

收到票据时　　借：应收票据(面值)
　　　　　　　　贷：主营业务收入
　　　　　　　　　　应交税费——应交增值税(销项税额)

带息票据计息　借：应收票据
　　　　　　　　贷：财务费用(按期计算票据利息)

到期收回　　　借：银行存款(票据到期值)
　　　　　　　　贷：应收票据(账面价值)
　　　　　　　　　　财务费用(票据到期值与账面价值之差额，无息票据不涉及此账户)

到期无法收回　借：应收账款(票据到期值)
　　　　　　　　贷：应收票据(账面价值)
　　　　　　　　　　财务费用(票据到期值与账面价值之差额，无息票据不涉及此账户)

应收票据贴现　借：银行存款(实际收到的贴现款)
　　　　　　　　　财务费用(实际收到贴现款与应收票据账面价值之间的差额，或借或贷)
　　　　　　　　贷：应收票据 (账面价值)

(2)应收账款会计处理

赊销产品或劳务时　借：应收账款
　　　　　　　　　　贷：主营(其他)业务收入
　　　　　　　　　　　　应交税费——应交增值税(销项税额)
　　　　　　　　　　　　银行存款(代垫包装费、运杂费)

收款时　　　　　　借：银行存款
　　　　　　　　　　　财务费用(如有现金折扣)
　　　　　　　　　　贷：应收账款

改用汇票结算　　借:应收票据
　　贷:应收账款
计提坏账　　借:资产减值损失(按本期估计应计提的坏账准备金额)
　　贷:坏账准备
坏账实际发生时　　借:坏账准备
　　贷:应收账款
已确认的坏账收回　　借:银行存款
　　贷:坏账准备

(3)预付账款会计处理
预(补)付时　　借:预付账款
　　贷:银行存款
收货时　　借:物资采购、原材料、库存商品等账户
　　应交税费——应交增值税(进项税额)
　　贷:预付账款
退回多付款时　　借:银行存款
　　贷:预付账款
收不到货　　借:其他应收款
　　贷:预付账款

(4)其他应收款会计处理。
发生时　　借:其他应收款
　　贷:银行存款、库存现金、待处理财产损溢等账户
收回时　　借:银行存款、库存现金、管理费用等账户
　　贷:其他应收款

3. 实务操作

(1)普通发票的辨认及审核。

①辨认发票的真伪。普通发票真伪鉴别方法:发票监制章是识别发票真伪的重要标志。全国统一启用的新版发票"发票监制章",其形状为椭圆形,上环刻制"全国统一发票监制章"字样,下环刻制"××税务局监制"字样,中间刻制国税、地税机关所在地的省、市全称或简称,字体为正楷,印色为大红色,紫外线灯下,呈橘黄色,荧光反映,套印在发票联的票头正中央。从发票联采用有"SW"字样防伪专用纸等方面识别,用发票防伪鉴别仪器识别防伪油墨看其是否是统一的防伪油墨。

②审查发票的内容及有效性。查看发票版式及有效期是否符合要求;审查发票的笔迹是否一致,有无涂改痕迹,填写字迹是否有不正常的位移;审查发票的复写情况,背面有无局部复写的痕迹,复写的字迹颜色是否相同;审查发票的填写内容,看发票报销联的单位、时间、数量、单价、金额是否填写齐全,发票物品名称是否具体、正确、清楚;审查物品名称是否为用票单位的经销范围;审查用票单位同发货单位、收款单位的名称是否相符;审查发票台照写的购货单位同实际收货单位、付款单位的名称是否相符。

(2)应收票据的管理。企业应设置"应收票据登记簿",逐笔登记每一种应收票据的种类、号数、签发日期、票面金额、交易合同号、承兑人、背书人的姓名或单位名称、到期日、背书转让

日、贴现日、贴现率、贴现净额、未计提的利息、收款日期、收款金额等详细事项，应收票据到期结清票款或退票后，应当在备查簿内逐笔注销原记录。

应收票据期限按月表示时，不论月份大小，以到期月份的同一天为到期日，如果票据签发日恰为某月的最后一天，则到期日应为若干月的最后一天。应收票据期限按日表示，按实际天数计算，出票日和到期日两天中，只算一天，即“算头不算尾”或“算尾不算头”。

企业可以将自己持有的应收票据背书转让。当企业需要资金时，也可以将未到期的应收票据向银行申请贴现。

(3)备用金的管理。备用金是企业财会部门借支给内部有关部门或人员、用于支付零星的单位日常开支的备用款项，如购买办公用品、支付招待费或差旅费等。在备用金较多，金额较大的单位可以专门设立“备用金”总账进行核算；备用金总额不大的单位，可以在“其他应收款－备用金－单位或职工”中进行明细核算。备用金可以采取定额和非定额两种制度，对于经常使用备用金的人员或部门实行定额备用金制度，采用“核定定额、先借后用、用后报销、补足定额”的方法进行管理；对于不经常使用备用金的人员或部门实行非定额备用金制度，采用“按需借款、先借后用、用后报销、多退少补”的方法进行管理。

(二)实训重点及难点内容

(1)商业汇票到期日、到期值的确定，商业汇票贴现的计算及处理；

(2)应收账款的确认与计量，现金折扣的会计处理；

(3)备用金的管理与会计处理；

(4)发票的辨认与审核，根据发票等原始凭证进行业务分析，进行正确的会计处理；

(5)期末坏账损失的估计，计提坏账准备，确认坏账损失的会计处理。

(三)实训具体实施方法

1.教学内容分析

应收款项内容较多，难度不大。因为应收款项涉及企业销售业务的处理，属于中级财务会计课程中最基础的章节。

容易理解的理论知识包括应收票据的分类、各应收款项核算的内容和特点，较难理解的理论知识包括应收票据的贴现与转让、总价法、备抵法、坏账损失估计方法。

会计处理比较简单的业务包括不带息应收票据的核算、应收账款的确认与收回、其他应收款的确认与收回。会计处理较难的业务包括带息应收票据计息和贴现、现金折扣、坏账准备计提、坏账的确认。

实务操作的内容中，发票的辨认和审核、应收票据的管理具有一定的难度。

应收款项的管理属于企业财务管理中的重要内容，引导学生去搜集相应的案例和资料进行学习，培养学生财务管理的意识。

2.课时分配与安排

应收款项核算计划课时为5课时，其中理论课3课时，模拟实训2课时。该章虽然内容较多但难度不大，计划课时安排较少。大部分的内容可以让学生预习自学，选择重点及有一定难度的内容进行重点讲解，在理论课中穿插安排适量的习题训练，理论课完成后进行模拟实验，通过模拟实验巩固和复习理论课所学的知识点。

3.实训流程

(1)课前预习。教师在课前强调预习要求和要点，布置预习思考题，让学生通过自学完成预习思考题，掌握本章容易理解的理论知识和比较简单的业务的会计处理，熟悉较难理解的理论知识和会计处理较难的业务的会计处理。

(2)课中实训。课中实训由两部分组成，一是有选择性地做一部分课中练习，通过练习来检查学生掌握学生预习的效果，发现学生预习中存在的问题；二是按下列程序进行模拟实验：

①指导学生根据真实的普通发票，学习发票的辨认与审核；

②指导学生根据本章模拟实验的资料进行原始凭证的辨认与审核，判断业务内容，编制记账凭证，编号并登记日记账和明细账；

③指导学生进行坏账的核销和会计处理。

在指导学生进行模拟实验的过程中，指导老师结合本章教学内容，重点讲解发票辨认和审核方法，现金折扣的处理，应收票据的管理，定额备用金与非定额备用金会计处理的区别、坏账的核销和会计处理等实务操作，增加学生的感性认识，让学生在实务操作中复习巩固理论课中的知识。

(3)课后复习。在进行课前预习和课中实训后，要求学生从以下两个方面进行课后复习：

①复习模拟实验实务操作的要点；

②做课后复习题。

第五章　存货模拟实训设计与实施

一、实训目标和要求

(一)实训目标

通过实训使学生了解存货的特征、分类和清查方法;熟悉存货成本的构成,存货发出计价方法的适用和区别,包装物、低值易耗品的会计处理;掌握实际成本法、毛利率法的核算,存货盘盈盘亏的会计处理,存货跌价准备的计提;重点掌握原材料取得和发出的会计处理,库存商品入库和发出的会计处理,计划成本法的核算,委托加工存货的会计处理。

(二)实训要求

(1)预习存货内容,完成预习思考题。

(2)进行模拟实验时,仔细分析审核原始凭证,根据原始凭证判断经济业务内容,按业务内容规范填制记账凭证,按理论课上讲述的方法核查自制原始凭证数据的来源及准确性,进行月末处理。

(3)课后复习,完成布置的习题。

二、模拟实训内容设计

(一)习题训练

预习思考题

(1)什么是存货?它有什么特征?如何分类?

(2)存货的成本包括哪些内容?不同方式取得的存货,其成本如何确定?

(3)存货发出的计价方法有哪几种?各有什么特点?

(4)原材料按照实际成本和计划成本如何进行会计处理?

(5)周转材料、委托加工物资如何进行会计处理?

(6)存货的期末减值及盘查如何进行会计处理?

课内练习

一、单项选择题

①下列各项资产中,不属于存货范围的有(　　)。

A. 在途材料　　　　B. 特种储备物资

C. 委托加工物资　　D. 委托代销商品

②当物价持续上涨时，存货发出计价采用先进先出法，会出现的情况是（　）。

A. 高估企业当期销货成本　　B. 低估企业当期利润

C. 高估期末存货价值　　D. 低估期末存货价值

③某企业 2010 年 9 月 1 日“材料成本差异”账户借方余额为 8 000 元，“原材料”账户余额为 500 000 元；本月购入原材料实际成本 848 000 元，计划成本 850 000 元；本月发出原材料计划成本 600 000 元。则该企业 2010 年 9 月 30 日原材料存货实际成本为（　）元（结果四舍五入，不保留小数）。

A. 755 550　　B. 750 033　　C. 753 333　　D. 783 306

④某商业企业采用毛利率法计算期末存货成本。2010 年 5 月，甲商品的月初成本总额为 2 400 万元，本月购货成本为 1 500 万元，本月销售收入为 4 550 万元。甲商品的毛利率为 24%。该企业甲商品在 2010 年 5 月末的结存成本为（　）。

A. 442　　B. 2 808　　C. 3 458　　D. 6 500

⑤随同产品出售不单独计价的包装物，应按其实际成本记入（　）。

A. 其他业务成本　　B. 管理费用　　C. 销售费用　　D. 营业外支出

二、多项选择题

①下列项目中，一般纳税企业应计入存货成本的有（　）。

A. 购入存货支付的关税　　B. 采购过程中发生的保险费

C. 委托加工材料发生的增值税　　D. 自制存货生产过程中发生的直接费用

E. 购入材料支付的价款

②下列情况下的商品，仍应作为销售方存货的有（　）。

A. 收取手续费方式委托代销的商品　　B. 分期收款销售的商品

C. 售后回购的商品　　D. 采用托收承付结算方式发出的商品

E. 已签订合同准备出售的商品

③根据企业会计准则的规定，发出存货的计价可以采用（　）。

A. 个别计价法　　B. 先进先出法

C. 加权平均法　　D. 后进先出法

E. 移动加权平均法

④企业发生的下列库存存货盘亏或毁损中，应将净损失计入管理费用的有（　）。

A. 定额内自然损耗　　B. 收发计量差错造成的盘亏

C. 管理不善造成的毁损　　D. 自然灾害造成的毁损

E. 意外事故造成的毁损

三、判断题

①企业为固定资产建造工程购买的材料，期末时如果尚未领用，应在资产负债表的存货项目下列示。（　）

②对于生产和销售机器设备的企业来说，机器设备属于存货；而对于使用机器设备进行生产的企业来说，机器设备属于固定资产。（　）

③委托加工存货收回后直接用于销售，由受托加工方代收代缴的消费税应计入委托加工物资存货成本。( )

④存货采用计划成本法核算，计划成本高于实际成本的差异，称之为超支差异。( )

⑤“五五摊销法”是指在购入周转材料时先摊销其账面价值的一半，待领用时再摊销其账面价值的一半的一种摊销方法。( )

四、计算题及业务处理题

①资料：甲存货年初结存数量 3 000 件，结存金额 8 700 元。本年 1 月进货情况如下：

日期	单价(元/件)	数量(件)	金额(元)
9 日	3.10	4 100	12 710
12 日	3.20	6 000	19 200
20 日	3.30	4 500	14 850
26 日	3.40	1 800	6 120

1 月 10 日、13 日、25 日分别销售甲存货 2 500 件、5 500 件、7 000 件。要求：分别采用先进先出法、月末一次加权平均法和移动加权平均法计算甲存货 1 月的销售成本、期末结存金额。(保留两位小数)

②资料：某公司材料存货采用计划成本核算，增值税率 17%。2010 年 6 月 30 日，A 材料账面余额为 56 000 元，“材料成本差异”账户借方余额为 4 500 元，该材料单位计划成本为 12 元/千克。该公司 7 月份相关业务如下：

10 日，购进 1 500 千克，实际买价 10 元/千克；

15 日，车间领用 2 000 千克用于生产 A 产品；

20 日，购进 2 000 千克，实际买价 13 元/千克；

28 日，车间领用 1 000 千克一般耗用。

要求：根据上述经济业务，计算材料成本差异率并进行相关的会计处理(假设不考虑其他费用，公司购入材料货款及增值税均以银行存款支付)。

③甲公司和乙公司均为增值税一般纳税人，甲公司委托乙公司代加工一批物资，收回后作为库存商品核算，资料如下：

2010 年 4 月 1 日甲公司发出加工物资，成本 80 万元；

2010 年 5 月 1 日支付加工费用 10 万元，并支付增值税 1.7 万元；

2010 年 5 月 1 日由受托方代收代缴消费税 10 万元。

要求：根据资料编制发出加工物资和支付加工费的处理；如果收回后直接用于对外销售的，请编制消费税与收回委托加工物资的相关会计分录；如果收回后再加工为应税消费品再出售的，请编制支付消费税与收回委托加工物资的相关会计分录。

④资料：星海公司领用一批包装物，出借给客户使用。包装物实际成本 50 000 元。包装物报废时，残料作价 200 元入库。

要求：分别按一次转销法和五五摊销法编制星海公司领用出借包装物的会计分录。

⑤资料：企业年终盘点材料，甲材料盘盈 200 千克，计划成本 2 元/千克；乙材料盘亏或毁损 10 000 千克，计划成本 10 元/千克；材料成本差异率为 2%；经查明：甲材料盘盈系计量差错；乙材料盘亏其中定额内损耗 100 千克，保管人责任事故缺少 10 千克，自然灾害毁损 9 890 千克，残料作价入库 100 元，取得保险赔款 40 000 元，存入银行。

要求：根据上述资料，编制材料盘盈、盘亏上报待批和批准后转账的会计分录。

课后复习

一、单项选择题

①一般不计入外购存货成本的费用是（　）。

A. 运输途中的合理损耗　　B. 入库前的挑选整理费

C. 运杂费　　D. 按规定缴纳的增值税

②某商业企业采用售价金额核算法计算期末存货成本。本月月初存货成本为 20 000 元，售价总额为 30 000 元；本月购入存货成本为 100 000 元，相应的售价总额为 120 000 元；本月销售收入为 100 000 元。该企业本月销售成本为（　）元。

A. 96 667　　B. 80 000　　C. 40 000　　D. 33 333

③企业本月月初库存原材料计划成本 50 000 元，材料成本差异为借方余额 1 000 元；本月购进原材料计划成本 300 000 元，实际成本 29 2000 元。本月材料成本差异率为（　）。

A. 超支 2%　　B. 节约 2%　　C. 超支 3%　　D. 节约 3%

④需要缴纳消费税的委托加工存货，收回后用于继续加工应税消费品，由受托方代收代缴的消费税应当（　）。

A. 借记“委托加工物资”科目　　B. 借记“营业税金及附加”科目

C. 借记“应交税费”科目　　D. 借记“其他业务成本”科目

⑤某企业 2010 年年末，A 商品账面价值为 300 000 元，可变现净值为 250 000 元。计提存货跌价准备前，“存货跌价准备”科目有贷方 20 000 元。该企业当年应计提的存货跌价准备金额为（　）元。

A. 20 000　　B. 30 000　　C. 50 000　　D. 70 000

二、多项选择题

①下列会计科目的期末余额，应在资产负债表“存货”项目下列示的有（　）。

A. 在途物资　　B. 委托代销商品

C. 委托加工物资　　D. 发出商品

E. 生产成本

②企业下列情况领用的周转材料中，应将周转材料成本计入销售费用的有（　）。

A. 生产部门领用的周转材料　　B. 管理部门领用的周转材料

C. 随同商品出售但不单独计价的周转材料　　D. 出租的周转材料

E. 出借的周转材料

③计划成本法下，“材料成本差异”科目的贷方登记内容有（　）。

A. 入库材料的成本超支差　　B. 入库材料的成本节约差

C. 出库材料的成本超支差　　D. 出库材料的成本节约差

E. 入库材料的计划成本

④企业存货发生盘亏，先计入“待处理财产损溢”科目，查明原因后可能转入（　）。

A. 管理费用　　B. 营业外支出　　C. 销售费用

D. 其他应收款　　E. 财务费用

⑤确定存货金额的重要因素是存货的（　）。

A. 数量　　B. 质量　　C. 单价

D. 增值税　　E. 进货费用

三、判断题

①一般纳税企业进口原材料时支付的关税应计入存货成本。（　）

②当物价持续上涨时，采用先进先出法对发出存货进行计价将低估企业当期利润和期末存货价值。（　）

③企业计提的存货跌价准备、固定资产减值准备等，均应计入资产减值损失。（　）

④自建仓库领用企业自产的库存商品，应视同销售，按计税价格计算增值税销项税额，随同库存商品成本一并作为有关工程项目支出。（　）

⑤已经计提了跌价准备的存货，在销售转出时，应同时结转相应的存货跌价准备。（　）

四、计算题及业务处理题

①资料：企业 2010 年 9 月份“原材料”总账及其明细账、“材料成本差异”总账的月初余额如下：原材料为 74 000 元；甲材料结存数量 10 000 千克，计划单位成本 5 元，结存金额为 50 000 元；乙材料结存数量 6 000 千克，计划单位成本 4 元，结存金额为 24 000 元；材料成本差异（借方余额）2 753 元。

该厂 9 月份有关原材料的经济业务如下：

1 日，从市 A 厂购入甲材料 1 000 千克，单价 5.10 元，价款 5 100 元，增值税额 867 元，以银行存款支付，材料已验收入库；

2 日，基本生产车间制造产品领用甲材料 8 000 千克，乙材料 4 000 千克；

3 日，从外地 B 厂购入乙材料 1 500 千克，单价 3.90 元，代垫运杂费 280 元，已通过银行承付，材料尚未到达；

6 日，从外地 C 厂购入甲材料 5 000 千克，单价 4.90 元，代垫运杂费 250 元，材料已验收入库，款未付；

7 日，基本生产车间一般消耗领用甲材料 500 千克，管理部门领用乙材料 600 千克；

8 日，B 厂发来的乙材料已运达企业，验收发现短缺 100 千克，经查明属 B 厂少发，当即填写“赔偿请求单”要求 B 厂予以补发；

18 日，以银行存款偿还前欠 C 厂材料款 28 915 元。

要求：按材料总账科目计算 9 月份综合材料成本差异率；根据本月业务编制有关会计分录

②资料：甲公司的存货按成本与可变现净值孰低计量。某年 12 月 31 日，A 商品的账面成本为 11 000 元，可变现净值为 10 000 元。

要求：编制下列不同假定情况下计提存货跌价准备的会计分录：

假定计提存货跌价准备前，“存货跌价准备”科目无余额：

假定计提存货跌价准备前,“存货跌价准备”科目已有贷方余额400元;

假定计提存货跌价准备前,“存货跌价准备”科目已有贷方余额1 200元。

③资料:甲公司将A商品按50 000元的价格出售,增值税销项税额为8 500元。商品账面成本60 000元,已计提存货跌价准备12 000元。

要求:编制确认销售收入、结转销售成本的会计分录。

五、拓展题

写一篇关于企业存货管理的小论文,字数1 000字左右。

(二)模拟实验

1. 3 日,河北达成农副食品公司发来的已记入在途物资的大米 200 吨,大麦芽 255 吨已经到达企业,经挑选整理后,实际入库大米为 199.5 吨。大麦芽为 254.5 吨。损失的货物属合理损耗,其货款 600 000 元、1 020 000 元已于上月支付。

原始凭证:入库单

商品验收及入库单

供货单位:河北达成农副食品公司　　2010 年 12 月 03 日　　No. 31124287

名称	规格型号	进价				检验	
		单位	数量	单价	金额	合格	不合格
大米		吨	200		600 000.00	199.5	0.5
大麦芽		吨	255		1 020 000.00	254.5	0.5
合　计					1 620 000.00		

仓库负责人:孙宁　　检验人:赵天　　收货人:钱星

2. 8 日,向天津蓟县农民收购大米 50 吨,收购价为 3 200 元/吨。运费 5 000 元。货已到库,财务部出纳开出工商银行现金支票 160 000 元付大米收购款。开出工商银行转账支票 5 000 元付天津德政运输公司运费。

原始凭证:收购凭证(收据)、运费发票、入库单、工商银行现金支票(存根)、工商银行转账支票(存根)

收　据

2010 年 12 月 8 日

兹收到　红星啤酒有限公司

交来　收购大米款

人民币(大写)　壹拾陆万元整　　(小写)　¥160 000.00 元

收款人:刘国强

公路、内河货物运输业务统一发票(代开)

发票联

发票代码:033120201445
发票号码:03312012

开票日期:2010 年 12 月 8 日

机打代码 机打号码 机器编号	022103533022 02242031 022454320018	税控码	02＞31＋76613770＜＞＊799334＜415＜669－/76 ＜＊＞＞＞331＜835＞＞＋599＊ 7＋＞34/＜372/7205＞92＞－2/9923＊/0＋＋4 ＞0＊284677－4078＞6－/83－7 7＋878－7205＞92＞－2/770＜＞＊＞＞331＊ 28435＞＞＋59934/－54/＞＊53d＞
收货人及纳税人识别号	天津市红星啤酒股份有限公司 120111335577789	承运人及纳税人识别号	天津德政运输有限公司 120112530119760
发货人及纳税人识别号	个人	主管税务机关及代码	天津市蓟县地方税务局 12011202
运输项目及金额	货物名称　大米 数量(重量)　50 吨 单位运价 计费里程 金额　5,000.00	其他项目及金额	费用名称 金额 备注:
运费小计	5,000.00	其他费用小计	¥0.00
合计(大写)	伍仟元整	(小写)¥5,000.00	

第一联　发票联　付款方记账凭证　(手写无效)

承运人:天津德政运输有限公司　　开票人:廖辉

商品验收及入库单

供货单位:农户　　2010 年 12 月 8 日　　No. 31124294

名称	规格型号	进价				检验	
		单位	数量	单价	金额	合格	不合格
大米		吨	50	3 200.00	160 000.00	50	
合计					160 000.00		

仓库负责人:孙宁　　检验人:赵天　　收货人:钱星

中国工商银行
转账支票存根
B B 00049529
科目____________
对方科目__________
出票日期 2010 年 12 月 8 日

收款人:天津德政运输有限公司	
金　额:5 000	
用　途:运费	

单位主管:李明　　会计:王芳

中国工商银行
现金支票存根
B D 00025437
科目____________
对方科目__________
出票日期 2010 年 12 月 8 日

收款人:刘国强	
金　额:160 000	
用　途:购货款	

单位主管:李明　　会计:王芳

3. 11 日,向天津鸿风印刷厂采购的 300 万张 9 度清爽啤酒商标、20 万只纸箱已到货并验收入库,增值税发票列明商标价款 30 000 元,增值税 5 100 元。纸箱价款 100 000 元,增值税 17 000 元。货款用 9 日申请的银行本票结算。

原始凭证:入库单、增值税专用发票(发票联、抵扣联)

商品验收及入库单

供货单位:天津鸿风印刷厂　　2010 年 12 月 11 日　　No. 31124289

名称	规格型号	进价				检验	
		单位	数量	单价	金额(元)	合格	不合格
9 度啤酒商标		张	3 000 000		30 000.00	3 000 000	
纸箱		只	200 000		100 000.00	200 000	
合　计					130 000.00		

仓库负责人:孙宁　　检验人:赵天　　收货人:钱星

全国统一发票监制
增值税专用发票
抵扣联
国家税务总局监制

开票日期:2010 年 12 月 11 日　　　　No. 00528475

购货单位	名称	天津市红星啤酒有限公司	密码区：<071409+/8*5742/3590 加密版本号:01 51+/<30+42+/22<4/5/>1 806<<5-129-9+0-91312 7846672632 4/*6753>>2-8+859/>>40 5650642
	纳税人识别号	120111335577789	
	地址、电话	天津市东丽区第六大道 108 号 60080066	
	开户行及账号	中国建设银行东丽支行 159233342567	

货物及应税劳务名称	规格型号	单位	数量	单价	金额	税率	税额
9 度清爽啤酒商标		张	3,000,000	0.01	30,000.00	17%	5,100.00
纸箱		只	200,000	0.5	100,000.00	17%	17,000.00
合计					130,000.00		22,100.00
价税合计(大写)	零仟零佰壹拾伍万贰仟壹佰零拾零元零角零分					(小写)	152,100.00

销货单位	名称	天津鸿风印刷厂	
	纳税人识别号	120008789463239	
	地址、电话	天津市河西区下瓦房 68 号 36725348	
	开户行及账号	天津银行河西支行 04027365145321	

收款人:杨兴　　　　销货单位(盖章)

第一联 抵扣联购货方抵扣凭证

全国统一发票监制
增值税专用发票
发票联
国家税务总局监制

开票日期:2010 年 12 月 11 日　　　　No. 00528475

购货单位	名称	天津市红星啤酒股份有限公司	密码区：<071409+/8*5742/3590 加密版本号:01 51+/<30+42+/22<4/5/>1 806<<5-129-9+0-91312 7846672632 4/*6753>>2-8+859/>>40 5650642
	纳税人识别号	120111335577789	
	地址、电话	天津市东丽区第六大道 108 号 60080066	
	开户行及账号	中国建设银行东丽支行 159233342567	

货物及应税劳务名称	规格型号	单位	数量	单价	金额	税率	税额
9 度清爽啤酒商标		张	3,000,000	0.01	30,000.00	17%	5,100.00
纸箱		只	200,000	0.5	100,000.00	17%	17,000.00
						%	
						%	
合计					130,000.00	%	22,100.00
价税合计(大写)	零仟零佰壹拾伍万贰仟壹佰零拾零元零角零分					(小写)	152,100.00

销货单位	名称	天津鸿风印刷厂	
	纳税人识别号	120008789463239	
	地址、电话	天津市河西区下瓦房 68 号 36725348	
	开户行及账号	天津银行河西支行 04027365145321	

收款人:杨兴　　　　销货单位(盖章)

第二联 发票联购货方记账凭证

4. 16 日，向河北利民啤酒用品有限公司采购酒花 2 吨，不含税单价 9 200/吨，酵母 400 千克，不含税单价 320 元/千克。增值税专用发票上注明的金额是 146 400，税额 24 888 元。销售方代垫运输费 1 600 元，其中酒花运费为 1 200 元，酵母运费为 400 元。运输专用发票已转给企业，该运输发票符合抵扣进项税额的条件。货款及运费已从建行东丽支行划出。

原始凭证：付款申请单、建设银行东丽支行电汇单、增值税专用发票（发票联、抵扣联）、运费发票

公路、内河货物运输业务统一发票（代开）

发　票　联

发票代码：0104259

发票号码：0174520

开票日期：2010 年 12 月 16 日

机打代码		税控码	02＞31＋76613770＜＞＊799334＜415＜669-/76＜＊＞＞＞331＜835＞＞＋599＊ 7＋＞34/＜372/7205＞92＞-2/9923＊/0＋＋4＞0＊284677-4078＞6-/83-7 7＋878-7205＞92＞-2/770＜＞＊＞＞331＊28435＞＞＋59934/--54/＞＊53d＞
机打号码			
机器编号	0104559		
收货人及纳税人识别号	天津市红星啤酒股份有限公司 12011133557789	承运人及纳税人识别号	河北钱利运输有限公司 140503363452081
发货人及纳税人识别号	河北利民啤酒用品有限公司 140503634522456	主管税务机关及代码	河北省江岸区地方税务局 14050302
运输项目及金额	货物名称　酒花、酵母 数量(重量)　2.4 吨 单位运价　8 计费里程　200 金额　1,600.00	其他项目及金额	费用名称 金额 备注：
运费小计	1,600.00	其他费用小计	￥0.00
合计(大写)	⊗壹仟陆佰元整	(小写)	￥1,600.00

第一联　发票联　付款方记账凭证　（手写无效）

承运人：河北钱利运输有限公司　　　　开票人：张杰

付款申请单

2010 年 12 月 16 日　　　　No. 5268702786

付款部门：采购部		申请人：刘云	
付款原因：购买原材料			
付款方式：现金	转账支票	电汇√	其他
付款金额：人民币（大写）壹拾柒万贰仟捌佰捌拾捌元整			小写￥172 888.00
收款单位：河北利民啤酒用品有限公司		银行付讫	
开户银行及账号：中国银行江岸区支行 03000100806806			

单位负责人：刘奇　　财务经理：李明　　部门负责人：洪强　　审核：王芳　　出纳：张平

增值税专用发票
抵扣联

开票日期:2010 年 12 月 16 日　　　　No. 16543266

购货单位	名称	天津市红星啤酒股份有限公司		密码区	<071409+/8*5742/3590　加密版本号:01		
	纳税人识别号	12011133557789			51+/<30+42+/22<4/5/>1		
	地址、电话	天津市东丽区第六大道 108 号 60080066			806<<5-129-9+0-91312　7846672632		
	开户行及账号	中国建设银行股份有限公司东丽支行 159233342567			4/*6753>>2-8+859/>>40　5650642		
货物及应税劳务名称	规格型号	单位	数量	单价	金额	税率	税额
酒花		吨	2	9,200.00	18,400.00	17%	3,128.00
酵母		千克	400	320.00	128,000.00	17%	21,760.00
						%	
						%	
合计					146,400.00	%	24,888.00
价税合计(大写)	零仟零佰壹拾柒万壹仟贰佰捌拾捌元零角零分					(小写)	171,288.00
销货单位	名称	河北利民啤酒用品有限公司					
	纳税人识别号	140503634522456					
	地址、电话	石家庄市公园里 25 号 36782233					
	开户行及账号	中国银行江岸区支行 03000100806806					

收款人:张文　　　　销货单位(盖章)

第一联　抵扣联购货方抵扣凭证

增值税专用发票
发票联

开票日期:2010 年 12 月 16 日　　　　No. 16543266

购货单位	名称	天津市红星啤酒股份有限公司		密码区	<071409+/8*5742/3590　加密版本号:01		
	纳税人识别号	12011133557789			51+/<30+42+/22<4/5/>1		
	地址、电话	天津市东丽区第六大道 108 号 60080066			806<<5-129-9+0-91312　7846672632		
	开户行及账号	中国建设银行股份有限公司东丽支行 159233342567			4/*6753>>2-8+859/>>40　5650642		
货物及应税劳务名称	规格型号	单位	数量	单价	金额	税率	税额
酒花		吨	2	9,200.00	18,400.00	17%	3,128.00
酵母		千克	400	320.00	128,000.00	17%	21,760.00
						%	
						%	
合计					146,400.00	%	24,888.00
价税合计(大写)	零仟零佰壹拾柒万壹仟贰佰捌拾捌元零角零分					(小写)	171,288.00
销货单位	名称	河北利民啤酒用品有限公司					
	纳税人识别号	140503634522456					
	地址、电话	石家庄市公园里 25 号 36782233					
	开户行及账号	中国银行江岸区支行 03000100806806					

收款人:张文　　　　销货单位(盖章)

第二联　发票联购货方记账凭证

银行电汇凭证(回单)　1

■普通　□加急　　委托日期:2010 年 12 月 16 日

汇款人	全　称	天津市红星啤酒股份有限公司	收款人	全　称	河北利民啤酒用品有限公司
	账　号	12011133557789		账　号	03000100806806
	汇出地点	省　天津　市/县		汇入地点	河北省　石家庄　市/县
汇出行名称		建设银行东丽支行	汇入行名称		中国银行江岸区支行
金额	人民币(大写)	壹拾柒万贰仟捌佰捌拾捌元整			
建设银行东丽支行 20101216 转讫 汇出行签章			支付密码		
			附加信息及用途: 复核:李丹　记账:赵明		

亿	千	百	十	万	千	百	十	元	角	分
		¥	1	7	2	8	8	8	0	0

此联汇出行给汇款人的回单

5. 17 日,向北京长城劳保用品批发公司采购劳保用品 200 件,增值税专用发票上注明价款 10 200 元,增值税 1 734 元,销售方代垫运费 1 000 元,从建设银行电汇付款。

原始凭证:入库单、增值税专用发票(发票联、抵扣联)、运费发票、建设银行电汇单

付款申请单

2010 年 12 月 17 日　　No. 5268702786

付款部门:采购部	申请人:刘云
付款原因:购买劳保用品	
付款方式:现金　转账支票　电汇√　其他	
付款金额:人民币(大写)壹万贰仟玖佰叁拾肆元整	小写¥12 934.00
收款单位:北京长城劳保用品批发公司	银行付讫
开户银行及账号:中国交通银行昌平支行 08979902345622	

单位负责人:刘奇　财务经理:李明　部门负责人:洪强　审核:王芳　出纳:张平

公路、内河货物运输业务统一发票(代开)

全国统一发票监制章 地方税务总局监制

发票代码:01025479

发　票　联　　　　发票号码:03105428

开票日期:2010 年 12 月 17 日

<table>
<tr><td>机打代码</td><td>01025479</td><td rowspan="3">税
控
码</td><td colspan="3" rowspan="3">02＞31＋76613770＜＞＊799334＜415＜669－/76
＜＊＞＞＞331＜835＞＞＋599＊
7＋＞34/＜372/7205＞92＞－2/9923＊/0＋＋4＞
0＊284677－4078＞6－/83－7
7＋878－7205＞92＞－2/770＜＞＊＞＞331＊
28435＞＞＋59934/－－54/＞＊53d＞</td></tr>
<tr><td>机打号码</td><td>03105428</td></tr>
<tr><td>机器编号</td><td>01025310</td></tr>
<tr><td>收货人及
纳税人识别号</td><td>天津市红星啤酒股份有限公司
120111335577789</td><td colspan="2">承运人及
纳税人识别号</td><td colspan="2">北京竭诚运输有限公司
110102459790001</td></tr>
<tr><td>发货人及
纳税人识别号</td><td>北京长城劳保用品批发公司
110102798710269</td><td colspan="2">主管税务机关
及代码</td><td colspan="2">北京市昌平区地方税务局
11010202</td></tr>
<tr><td>运输项目及金额</td><td>货物名称　劳保用品
数量(重量)　200 件
单位运价　10
计费里程　100
金额　1,000.00</td><td>其他项目及金额</td><td>费用名称
金额</td><td colspan="2">备注:</td></tr>
<tr><td>运费小计</td><td>1,000.00</td><td colspan="2">其他费用小计</td><td colspan="2">¥0.00</td></tr>
<tr><td>合计(大写)</td><td>壹仟元整</td><td colspan="4">(小写)¥1,000.00</td></tr>
</table>

第一联　发票联　付款方记账凭证　(手写无效)

北京竭诚运输有限公司 110102459790001 发票专用章

承运人:北京竭诚运输有限公司　　　　开票人:王芳

商品验收及入库单

供货单位:北京长城劳保用品批发公司　　2010 年 12 月 17 日　　No. 31124288

名称	规格型号	进价				检验	
		单位	数量	单价	金额	合格	不合格
劳保用品		件	200		10 200.00	200	
合　计			200		10 20 000.00		

仓库负责人:孙宁　　　　检验人:赵天　　　　收货人:钱星

增值税专用发票

抵扣联

开票日期:2010 年 12 月 17 日　　　　　　　　No. 00529478

购货单位	名称	天津市红星啤酒有限公司		密码区	<071409+/8*5742/3590　加密版本号:01			
	纳税人识别号	12011133557789			51+/<30+42+/22<4/5/>1			
	地址、电话	天津市东丽区第六大道 108 号 60080066			806<<5-129-9+0-91312　7846672632			
	开户行及账号	中国建设银行东丽支行 159233342567			4/*6753>>2-8+859/>>40　5650642			
货物及应税劳务名称	规格型号	单位	数量	单价	金额	税率	税额	
劳保用品		件	200	51	10,200.00	17%	1,734.00	
合计					10,200.00		1,734.00	
价税合计(大写)	零仟零佰零拾壹万壹仟玖佰叁拾肆元零角零分					(小写)	11,934.00	
销货单位	名称	北京长城劳保用品批发公司		备注				
	纳税人识别号	110102198710269						
	地址、电话	北京市昌平区科技园 6 号 27365347						
	开户行及账号	中国交通银行昌平支行 08979902345622						

收款人:杨建　　　　　　　　销货单位(盖章)

第一联　抵扣联购货方抵扣凭证

增值税专用发票

发票联

开票日期:2010 年 12 月 17 日　　　　　　　　No. 00529478

购货单位	名称	天津市红星啤酒有限公司		密码区	<071409+/8*5742/3590　加密版本号:01			
	纳税人识别号	12011133557789			51+/<30+42+/22<4/5/>1			
	地址、电话	天津市东丽区第六大道 108 号 60080066			806<<5-129-9+0-91312　7846672632			
	开户行及账号	中国建设银行东丽支行 159233342567			4/*6753>>2-8+859/>>40　5650642			
货物及应税劳务名称	规格型号	单位	数量	单价	金额	税率	税额	
劳保用品		件	200	51	10,200.00	17%	1,734.00	
合计					10,200.00		1,734.00	
价税合计(大写)	零仟零佰零拾壹万壹仟玖佰叁拾肆元零角零分					(小写)	11,934.00	
销货单位	名称	北京长城劳保用品批发公司		备注				
	纳税人识别号	110102198710269						
	地址、电话	北京市昌平区科技园 6 号 27365347						
	开户行及账号	中国交通银行昌平支行 08979902345622						

收款人:杨建　　　　　　　　销货单位(盖章)

第二联　发票联购货方记账凭证

银行电汇凭证(回单)　1

■普通　□加急　　　　委托日期:2010 年 12 月 17 日

汇款人	全　称	天津市红星啤酒股份有限公司	收款人	全　称	北京长城劳保用品批发公司
	账　号	12011133557789		账　号	08979902345622
	汇出地点	省　天津　市/县		汇入地点	省　北京市/县
汇出行名称		建设银行东丽支行	汇入行名称		中国交通银行昌平支行
金额	人民币(大写)	壹万贰仟玖佰叁拾肆元整	亿 千 百 十 万 千 百 十 元 角 分		¥ 1 2 9 3 4 0 0
建行东丽支行 20101217 转讫 汇出行签章			支付密码		
			附加信息及用途: 复核:李丹　记账:赵明		

此联汇出行给汇款人的回单

6. 20 日,16 日采购的酒花 2 吨和酵母 400 千克已到库,经查验质量和数量无误。
原始凭证:入库单

商品验收及入库单

供货单位:河北利民啤酒用品有限公司　　2010 年 12 月 20 日　　No. 31124292

名称	规格型号	进价				检验	
		单位	数量	单价	金额	合格	不合格
酒花		吨	2	9 200	18 400	2	
酵母		千克	400	320	128 000	400	
合　计					136 400		

仓库负责人:孙宁　　检验人:赵天　　收货人:钱星

7. 20 日，向河南鼎盛批发公司采购大麦芽 300 吨，每吨不含税价款 4 500 元/吨，增值税专用发票上注明价款 1 350 000 元，增值税 229 500 元。河南鼎盛批发公司代垫运费 10 000 元。款项已预付。

原始凭证：入库单、运费发票、增值税专用发票（发票联、抵扣联）

商品验收及入库单

供货单位：河南鼎盛批发有限公司　　2010 年 12 月 20 日　　No. 31124293

名称	规格型号	进价				检验	
		单位	数量	单价	金额	合格	不合格
大麦芽		吨	300	4 500	1 350 000	300	
合　计					1 350 000		

仓库负责人：孙宁　　检验人：赵天　　收货人：钱星

公路、内河货物运输业务统一发票（代开）

发票联

发票代码：033120201445

发票号码：03312012

开票日期：2010 年 12 月 20 日

机打代码	033120201445	税控码	02＞31＋76613770＜＞＊799334＜415＜669－/76＜＊＞＞＞331＜835＞＞＋599＊7＋＞34/＜372/7205＞92＞－2/9923＊/0＋＋4＞0＊284677－4078＞6－/83－7 7＋878－7205＞92＞－2/770＜＞＊＞＞331＊28435＞＞＋59934/－54/＞＊53d＞
机打号码	03312012		
机器编号	03312933		
收货人及纳税人识别号	天津市红星啤酒股份有限公司 12011133557789	承运人及纳税人识别号	河南省郑州贴韵运输有限公司 160502400503831
发货人及纳税人识别号	河南鼎盛批发有限公司 160502400503241	主管税务机关及代码	郑州市金水区地方税务局 16050202
运输项目及金额	货物名称　大麦芽 数量（重量）　300 吨 单位运价 计费里程 金额　10,000.00	其他项目及金额	费用名称 金额 备注：
运费小计	10,000.00	其他费用小计	￥0.00
合计（大写）	⊗壹万元整	（小写）￥10,000.00	

第一联　发票联　付款方记账凭证（手写无效）

承运人：河南省郑州贴韵运输有限公司　　开票人：张谢

增值税专用发票
抵扣联

全国统一发票监制章　河南　国家税务总局监制

开票日期:2010 年 12 月 20 日　　　　No. 03242236

购货单位			密码区	
	名称	天津市红星啤酒股份有限公司		<071409+/8*5742/3590　加密版本号:01
	纳税人识别号	12011133557789		51+/<30+42+/22<4/5/>1
	地址、电话	天津市东丽区第六大道 108 号 60080066		806<<5-129-9+0-91312　7846672632
	开户行及账号	中国工商银行东丽支行 168230038555		4/*6753>>2-8+859/>>40　5650642

货物及应税劳务名称	规格型号	单位	数量	单价	金额	税率	税额
大麦芽		吨	300	4,500.00	1,350,000.00	17%	229,500.00
						%	
						%	
						%	
合计					1,350,000.00	%	229,500.00
价税合计(大写)	零仟壹佰伍拾柒万玖仟伍佰零拾零元零角零分					(小写)	1,579,500.00

销货单位			备注
	名称	河南鼎盛批发有限公司	河南鼎盛批发有限公司 160502400503241 发票专用章
	纳税人识别号	160502400503241	
	地址、电话	河南省郑州市广场西路 147 号 37582553	
	开户行及账号	中国农业银行郑州分行 61324560782532	

收款人:张良　　　　　　　　　　销货单位(盖章)

第一联　抵扣联购货方抵扣凭证

增值税专用发票
发票联

全国统一发票监制章　河南　国家税务总局监制

开票日期:2010 年 12 月 20 日　　　　No. 03242236

购货单位			密码区	
	名称	天津市红星啤酒股份有限公司		<071409+/8*5742/3590　加密版本号:01
	纳税人识别号	12011133557789		51+/<30+42+/22<4/5/>1
	地址、电话	天津市东丽区第六大道 108 号 60080066		806<<5-129-9+0-91312　7846672632
	开户行及账号	中国工商银行东丽支行 168230038555		4/*6753>>2-8+859/>>40　5650642

货物及应税劳务名称	规格型号	单位	数量	单价	金额	税率	税额
大麦芽		吨	300	4,500.00	1,350,000.00	17%	229,500.00
						%	
						%	
						%	
合计					1,350,000.00	%	229,500.00
价税合计(大写)	零仟壹佰伍拾柒万玖仟伍佰零拾零元零角零分					(小写)	1,579,500.00

销货单位			备注
	名称	河南鼎盛批发有限公司	河南鼎盛批发有限公司 160502400503241 发票专用章
	纳税人识别号	160502400503241	
	地址、电话	河南省郑州市广场西路 147 号 37582553	
	开户行及账号	中国农业银行郑州分行 61324560782532	

收款人:张良　　　　　　　　　　销货单位(盖章)

第二联　发票联购货方记账凭证

8. 24 日，企业将 8 日向农民收购的大米作为员工福利发给职工，每位职工发放 100 千克，共计 23 000 千克。

原始凭证：员工福利发放表、领料单

员工福利(大米)发放表

2010 年 12 月 24 日

部门		姓名	发放物资	签字
基本生产车间	9 度清爽啤酒工人	刘云等 72 人	7 200 千克	
	10 度淡爽啤酒工人	黄贞等 76 人	76 00 千克	
	管理人员	5 人	500 千克	
辅助生产车间	一车间工人	李平等 18 人	1 800 千克	
	二车间工人	李亮等 9 人	900 千克	
	管理人员	孙正等 3 人	300 千克	
销售网点		赵玫等 7 人	700 千克	
厂部管理人员		朱丹等 40 人	4 000 千克	
合计		230 人	23 000 千克	

审批人：余阳　　财务审核：李明　　制表：李静

领 料 单

领料部门：办公室　　2010 年 12 月 24 日　　编号：2320

名称	规格	单位	数量		单价	金额	用途
			请领	实领			
大米		千克	23 000	23 000	3.3	75 900	发放员工福利

领料部门负责人：林彤　　领料人：张华　　发料人：张楠

9. 月末，材料库转来领料单，根据领料单填制发料汇总表并进行账务处理。

原始凭证：领料单、生产领用材料汇总表

领 料 单

领料部门：基本生产车间　　2010 年 12 月 2 日　　编号：2306

名称	单位	数量		单价	金额	用途
		请领	实领			
大麦芽	吨	50	50			生产 9 度清爽
酒花	吨	1	1			
大米	吨	50	50			
酵母	千克	100	100			

审批人：李莉　　仓管：张宏　　领料人：刘云

领料单

领料部门:基本生产车间　　2010年12月2日　　编号：2307

名称	单位	数量		单价	金额	用途
		请领	实领			
硅藻土	吨	1	1			生产9度清爽
碱	吨	0.5	0.5			
消毒水	千克	300	300			
酶	千克	300	300			

审批人:李莉　　仓管:张宏　　领料人:刘云

领料单

领料部门:基本生产车间　　2010年12月2日　　编号：2308

名称	单位	数量		单价	金额	用途
		请领	实领			
啤酒瓶	万只	100	100			生产9度清爽
啤酒瓶盖	万只	100	100			
商标	万张	100	100			
纸箱	万只	10	10			

审批人:李莉　　仓管:张宏　　领料人:刘云

领料单

领料部门:基本生产车间　　2010年12月2日　　编号：2309

名称	单位	数量		单价	金额	用途
		请领	实领			
大麦芽	吨	70	70			生产10度淡爽
酒花	吨	1	1			
大米	吨	50	50			
酵母	千克	150	150			

审批人:李莉　　仓管:张宏　　领料人:刘云

领料单

领料部门:基本生产车间　　2010年12月2日　　编号：2310

名称	单位	数量		单价	金额	用途
		请领	实领			
硅藻土	吨	1	1			生产10度淡爽
碱	吨	0.5	0.5			
消毒水	千克	500	500			
酶	千克	300	300			

审批人:李莉　　仓管:张宏　　领料人:刘云

领料单

领料部门:基本生产车间 2010 年 12 月 2 日 编号:2311

名称	单位	数量		单价	金额	用途
		请领	实领			
啤酒瓶	万只	100	100			生产 10 度淡爽
啤酒瓶盖	万只	100	100			
商标	万张	100	100			
纸箱	万只	10	10			

审批人:李莉 仓管:张宏 领料人:刘云

领料单

领料部门:辅助生产车间一车间 2010 年 12 月 5 日 编号:2312

名称	单位	数量		单价	金额	用途
		请领	实领			
桶	个	30	30			生产耗用
工作服	套	36	36			
劳保用品	件	30	30			
消毒水	千克	100	100			

审批人:李莉 仓管:张宏 领料人:张明

领料单

领料部门:辅助生产车间二车间 2010 年 12 月 5 日 编号:2313

名称	单位	数量		单价	金额	用途
		请领	实领			
桶	个	40	40			生产耗用
工作服	套	18	18			
劳保用品	件	10	10			
消毒水	千克	60	60			

审批人:李莉 仓管:张宏 领料人:赵爱国

领料单

领料部门:基本生产车间 2010 年 12 月 14 日 编号:2314

名称	单位	数量		单价	金额	用途
		请领	实领			
大麦芽	吨	80	80			生产 9 度清爽
酒花	吨	0.5	0.5			
大米	吨	80	80			
酵母	千克	80	80			

审批人:李莉 仓管:张宏 领料人:刘云

领 料 单

领料部门:基本生产车间　　2010年12月14日　　编号:2315

名称	单位	数量		单价	金额	用途
		请领	实领			
硅藻土	吨	1	1			生产9度清爽
碱	吨	0.4	0.4			
消毒水	千克	300	300			
酶	千克	200	200			

审批人:李莉　　仓管:张宏　　领料人:刘云

领 料 单

领料部门:基本生产车间　　2010年12月14日　　编号:2316

名称	单位	数量		单价	金额	用途
		请领	实领			
啤酒瓶	万只	120	120			生产9度清爽
啤酒瓶盖	万只	120	120			
商标	万张	120	120			
纸箱	万只	12	12			
劳保用品	件	80	80			

审批人:李莉　　仓管:张宏　　领料人:刘云

领 料 单

领料部门:基本生产车间　　2010年12月14日　　编号:2317

名称	单位	数量		单价	金额	用途
		请领	实领			
大麦芽	吨	80	80			生产10度淡爽
酒花	吨	1	1			
大米	吨	120	120			
酵母	千克	120	120			

审批人:李莉　　仓管:张宏　　领料人:刘云

领 料 单

领料部门:基本生产车间　　2010年12月14日　　编号:2318

名称	单位	数量		单价	金额	用途
		请领	实领			
硅藻土	吨	2	2			产10度淡爽
碱	吨	0.6	0.6			
消毒水	千克	300	300			
酶	千克	300	300			

审批人:李莉　　仓管:张宏　　领料人:刘云

领料单

领料部门:基本生产车间　　2010 年 12 月 14 日　　编号: 2319

名称	单位	数量		单价	金额	用途
		请领	实领			
啤酒瓶	万只	80	80			生产 10 度淡爽
啤酒瓶盖	万只	80	80			
商标	万张	80	80			
纸箱	万只	8	8			
劳保用品	件	80	80			

审批人:李莉　　仓管:张宏　　领料人:刘云

领料单

领料部门:基本生产车间　　2010 年 12 月 25 日　　编号: 2321

名称	单位	数量		单价	金额	用途
		请领	实领			
大麦芽	吨	70	70			生产 9 度清爽
酒花	吨	1	1			
大米	吨	60	60			
酵母	千克	40	40			

审批人:李莉　　仓管:张宏　　领料人:刘云

领料单

领料部门:基本生产车间　　2010 年 12 月 25 日　　编号: 2322

名称	单位	数量		单价	金额	用途
		请领	实领			
硅藻土	吨	0.5	0.5			生产 9 度清爽
碱	吨	0.5	0.5			
消毒水	千克	300	300			
酶	千克	200	200			

审批人:李莉　　仓管:张宏　　领料人:刘云

领料单

领料部门:基本生产车间　　2010 年 12 月 25 日　　编号：2323

名称	单位	数量		单价	金额	用途
		请领	实领			
大麦芽	吨	80	80			生产 10 度淡爽
酒花	吨	1	1			
大米	吨	40	40			
酵母	千克	60	60			

审批人:李莉　　仓管:张宏　　领料人:刘云

领料单

领料部门:基本生产车间　　2010 年 12 月 25 日　　编号：2324

名称	单位	数量		单价	金额	用途
		请领	实领			
硅藻土	吨	0.5	0.5			生产 10 度淡爽
碱	吨	0.5	0.5			
消毒水	千克	300	300			
酶	千克	300	300			

审批人:李莉　　仓管:张宏　　领料人:刘云

领料单

领料部门:基本生产车间　　2010 年 12 月 25 日　　编号：2325

名称	单位	数量		单价	金额	用途
		请领	实领			
啤酒瓶	万只	100	100			生产 10 度淡爽
啤酒瓶盖	万只	100	100			
商标	万张	100	100			
纸箱	万只	10	10			

审批人:李莉　　仓管:张宏　　领料人:刘云

领料单

领料部门:销售部　　2010 年 12 月 25 日　　编号：2326

名称	单位	数量		单价	金额	用途
		请领	实领			
大麦芽	吨	200	200	4 154.321 634	830 864.33	销售给天津雪花啤酒厂

审批人:李莉　　仓管:张宏　　领料人:赵枚

生产领料汇总表

2010 年 12 月 31 日　　单位:元

材料	基本生产车间				辅助生产车间				合计	
	9 度清爽		10 度淡爽		一车间		二车间			
	数量	金额	数量	金额	数量	金额	数量	金额	数量	金额
大麦芽	200	830 864.33	230	955 493.98					430	1 786 358.31
酒花	2.5	23 041.43	3	27 649.71					5.5	50 691.14
大米	190	567 755	210	627 518.69					400	1 195 273.69
酵母	220	68 262.99	330	102 394.48					550	170 657.47
硅藻土	2.5	5 764.71	3.5	8 070.59					6	13 835.3
碱	1.4	1 925	1.6	2 200					3	4 125
消毒水	900	5 616	1 100	6 864	100	624	60	374.4	2 160	13 478.4
酶	700	10 325	900	13 275					1 600	23 600
啤酒瓶	220	1 100 000	280	1 400 000					500	2 500 000
啤酒瓶盖	220	44 000	280	56 000					500	100 000
商标(9 度)	220	22 000							220	22 000
商标(10 度)			280	28 000					280	28 000
纸箱	22	110 000	28	140 000					50	250 000
桶					30	6 381.82	40	8 509.09	70	14 890.91
工作服					36	7 200	18	3 600	54	10 800
劳保用品	80	4 059.29	80	4 059.29	30	1 522.24	10	507.41	200	10 148.23
合计		2 793 613.75		3 371 525.74		15 728.06		12 990.9		6 193 858.45

复核人:王芳　　制表人:刘飞

10. 月末,对库存材料中部分原材料进行抽查盘点。

原始凭证:存货盘点报告表

存货盘点报告表

盘点日:2010 年 12 月 31 日

材料名称	计量单位	单价	实存数量	账存数量	盘点结果				备注
					盘盈		盘亏		
					数量	金额	数量	金额	
大麦芽	吨	4 154.32	324.1	324.5			0.4	1 661.73	
酒花	吨	9 216.57	1.52	1.5	0.02	184.33			
酵母	千克	310.29	398.35	400			1.65	511.98	
处理意见:以上盘亏盘盈属日常领用称重误差所致。									

审批:李明　　监盘人:李莉　　盘点人:刘飞　　仓管员:张宏

11. 月末,期末对各项存货进行减值测试,有两种原材料发生减值,根据减值情况编制存货跌价准备计提表,计提存货跌价准备。

原始凭证:存货跌价准备计提表

存货跌价准备计提表

2010 年 12 月 31 日

存货名称	数量	账面价值	可变现净值	预计跌价	备注
大麦芽	324.1	1 346 415.63	1 297 965	48 450.63	
酵母	398.35	123 602.55	103 059.02	20 543.53	
合计		1 470 018.18	1 401 024.02	68 994.16	

审批:李明　　审核:王芳　　制表:刘飞

三、模拟实训实施

(一)本章知识要点

1. 基本概念及理论

存货是指企业在日常活动中持有以备出售的产成品或商品、处在生产过程中的在产品、在生产过程或提供劳务过程中耗用的材料和物料等，具体包括各种原材料、周转材料、委托加工物资、在产品、产成品、库存商品、委托代销商品等。存货的初始计量应以取得存货的实际成本为基础，实际成本包括采购成本、加工成本和其他成本。存货发出的计价方法有实际成本法和计划成本法两类，实际成本法包括个别计价法、先进先出法、加权平均法和移动加权平均法四种方法。存货估价法主要有毛利率法和零售价法两种。原材料的核算包括收入和发出的会计处理，采用计划成本法核算，购入材料时"原材料"账户反映材料的计划成本，实际成本与计划成本的差异计入"材料成本差异"账户，发出材料要根据材料成本差异率分摊材料成本差异，将计划成本调整为实际成本。周转材料包括包装物和低值易耗品，其价值采用一次摊销和五五摊销法计入相关的成本费用。资产负债表日，存货应当按照成本与可变现净值孰低计量，对于可变现净值低于成本的差额，计提存货跌价准备。企业应定期或不定期对存货进行清查盘点，发现存货盘盈或盘亏，先通过"待处理财产损溢"账户处理，查明原因后，再转入到相应账户。

2. 会计分录

(1)原材料的核算

业务类型	实际成本法	计划成本法
采购	借:在途物资、原材料 　应交税费——应交增值税(进项税额) 　贷:银行存款、应付账款等	借:材料采购(采购时按实际成本) 　应交税费——应交增值税(进项税额) 　贷:银行存款、应付账款等 借:原材料(入库按计划成本) 　材料成本差异(计划成本与实际成本之差,或借或贷) 　贷:材料采购(按实际成本)
发出	借:生产成本(能直接归属到生产成本) 　制造费用(间接生产成本) 　管理费用(管理部门耗用) 　销售费用(销售部门耗用) 　委托加工物资(委托外单位加工) 　贷:原材料(按实际成本法下的具体方法计价)	借:生产成本(能直接归属到生产成本) 　制造费用(间接生产成本) 　管理费用(管理部门耗用) 　销售费用(销售部门耗用) 　委托加工物资(委托外单位加工) 　贷:原材料(按计划成本) 　　材料成本差异(按发出原材料计划成本应分摊的差异,或借或贷)

(2)库存商品的核算(实际成本法)

产品完工入库　　　借:库存商品

　　　　　　　　　　贷:生产成本(按完工产品的成本)

销售商品　　借:主营业务成本
　　贷:库存商品

(3)包装物的核算(实际成本法)

采购　　借:在途物资、周转材料——包装物
　　应交税费——应交增值税(进项税额)
　　贷:银行存款、应付账款等

领用　　借:生产成本(生产领用)
　　销售费用(随同商品出售,但不单独计价的包装物领用)
　　其他业务成本(随同商品出售,单独计价的包装物领用)
　　贷:周转材料——包装物

(4)低值易耗品的摊销

一次摊销法　　借:制造费用、管理费用等
　　贷:周转材料——低值易耗品

五五摊销法

领用时　　借:周转材料——低值易耗品——在用
　　贷:周转材料——低值易耗品——在库
　　借:制造费用、管理费用等
　　贷:周转材料——低值易耗品——摊销(摊销一半的价值)

报废时摊销　　借:制造费用、管理费用等
　　贷:周转材料——低值易耗品——摊销(摊销另一半的价值)
　　借:周转材料——低值易耗品——摊销
　　贷:周转材料——低值易耗品——在用

(5)委托加工物资的核算

发出物资　　借:委托加工物资
　　贷:原材料等

支付运杂费、加工费等　　借:委托加工物资
　　应交税费——应交增值税(进项税额)
　　贷:银行存款等

支付消费税　　借:委托加工物资(收回后直接销售)
　　贷:银行存款
　　借:应交税费——应交消费税(收回后继续加工)
　　贷:银行存款

收回加工后物资　　借:库存商品、周转材料等
　　贷:委托加工物资

(6)存货清查

①存货盘盈

审批前　　借:原材料等
　　贷:待处理财产损溢——待处理流动资产损溢

批准处理后　　借:待处理财产损溢——待处理流动资产损溢
　　贷:管理费用

②盘亏和毁损

审批前　　借:待处理财产损溢——待处理流动资产损溢

　　贷:原材料等

　　　应交税费——应交增值税(进项税额转出)

审批后　　借:管理费用(管理不善或合理损耗)

　　其他应收款(责任人赔款)

　　营业外支出(非常损失)

　　贷:待处理财产损溢——待处理流动资产损溢

(7)存货减值

计提或补提时　　借:资产减值损失—计提的存货跌价准备

　　贷:存货跌价准备

转回时　　借:存货跌价准备

　　贷:资产减值损失——计提的存货跌价准备

3.实务操作

(1)增值税发票的辨认及审核。

①辨认发票的真伪。红色荧光防伪标记或微缩字母防伪标记,专用发票发票联、抵扣联中"增值税专用发票"字样下端的双实线由微缩字母组成。通过高倍放大镜可以清晰地看到,上线为"增值税专用发票"等汉字的汉语拼音声母缩写,下线为"国家税务总局监制"等汉字的汉语拼音声母缩写。发票监制章的内圆线由多组"国家税务总局监制"等汉字的汉语拼音声母缩写组成。对照光线审查增值税专用发票的发票联和抵扣联,看是否使用国家税务总局统一规定带有水印图案的防伪专用纸印制。用紫外线灯、发票鉴别仪鉴别无色和有色荧光防伪标志"SW"。

②审查发票的内容及有效性。查看发票版式及有效期是否符合要求;审查发票的填写内容,看发票报销联的单位、时间、数量、单价、金额是否填写齐全,发票物品名称是否具体、正确、清楚;审查物品名称是否为用票单位的经销范围;审查用票单位同发货单位、收款单位的名称是否相符;审查发票台照写的购货单位同实际收货单位、付款单位的名称是否相符。

(2)月末一次加权平均法的实际运用。存货的计价方法包括实际成本法和计划成本法,实际成本法又分为个别计价法、先进先出法、移动加权平均法、月末一次加权平均法,各种计价方法各有其优缺点和适用范围,企业应根据自身实际生产经营管理的需要和实际情况并结合每一种计价方法的特点来选用存货计价方法。

月末一次加权平均法是企业比较常用的一种发出存货的计价方法,企业在取得存货时,及时按实际成本登记入账,发出存货时,月中先不做处理,月末将本月发出存货的凭证进行汇总,编制凭证汇总表,统计发出存货的数量及去向,根据存货的加权平均单位成本核算本月发出存货成本的一种方法。

这种方法将发出存货成本的计算集中在月末进行,简化了核算工作,而且计算出来的存货单位成本比较平均,存货成本的分摊比较折中。缺点是平时不能从账上反映发出和结存存货的单价和金额,不利于存货成本的日常管理和控制。

(3)存货的清查。由于存货种类繁多、收发频繁，在日常管理过程中可能会由于计量差错、计算错误、自然损耗、贪污、盗窃等多种原因导致存货的实际结存数与账面结存数不符，因此，企业必须定期或不定期地对存货进行清查，确定存货的实存数，查明账实不符的原因，加强存货的管理。

存货清查采用实地盘点法，财务人员先将清查存货的全部收发业务登记入账，结出账面余额，盘点时根据各类存货的不同性质，分别采用点数、过磅、丈量等方法清点实际结存数量，将盘点结果填入存货盘点报告表。根据存货清查的结果，做出相应的会计处理。

(二)实训重点及难点内容

(1)先进先出法、移动加权平均法、月末一次加权平均法发出存货的计算，材料成本差异分配率的计算；

(2)计划成本法的会计处理；

(3)委托加工物资的会计处理；

(4)外购存货及发出存货的会计处理；

(5)期末存货清查、减值的会计处理。

(三)实训具体实施方法

1.教学内容分析

存货是中级财务会计课程中的重点章节，内容较多，难度适中，因为存货的分类比较多，涉及很多会计科目，存货发出的计价方法比较多，这些计价方法的计算和会计处理比较繁琐。

容易理解的理论知识有存货的概念及分类、存货数量的确定方法、存货的清查，较难理解的理论知识包括外购存货成本的构成、存货发出计价方法的适用及特点，难以理解的理论知识包括委托加工物资成本的构成、可变现净值的确定。

会计处理比较简单的业务包括实际成本下外购存货取得和发出、低值易耗品一次摊销、存货盘盈盘亏的处理。会计处理较难的业务包括计划成本法下外购存货取得和发出、委托加工物资、低值易耗品五五摊销、存货减值的会计处理。

实务操作的内容中，增值税发票的辨认及审核、月末一次加权平均法的核算具有一定的难度。

发出存货的计价方法的选择对企业的影响属于企业财务管理中的重要内容，引导学生去搜集相应的案例和资料进行分析，培养学生财务管理的意识。

2.课时分配与安排

存货的计划课时为 9 课时，其中理论课 6 课时，模拟实训 3 课时。该章内容多、难度适中，计划课时安排较多。容易理解的内容让学生预习自学，选择重点及有一定难度的内容进行重点讲解，在理论课中穿插安排适量的习题训练，理论课完成后进行模拟实验，通过模拟实验巩固和复习理论课所学的知识点。

3.实训流程

(1)课前预习。教师在课前强调预习要求和要点，布置预习思考题，让学生通过自学完成预习思考题，掌握本章容易理解的理论知识和比较简单的业务的会计处理，熟悉较难理解的理论知识和较难处理的业务的会计处理，了解难以理解的理论知识。

(2)课中实训。课中实训由两部分组成，一是有选择性地做一部分课中练习，通过练习来检查学生，掌握学生预习的效果，发现学生预习中存在的问题；二是按下列程序进行模拟实验：

①指导学生根据真实的增值税专用发票，学习发票的辨认与审核；

②指导学生根据本章模拟实验的资料进行原始凭证的辨认与审核，判断企业采购业务内容，编制记账凭证；

③指导学生进行期末发出原材料及周转材料的凭证汇总，并根据汇总凭证按照月末一次加权平均法计算发出材料的成本编制记账凭证；

④指导学生根据月末存货清查结果、减值测试的结果编制记账凭证；

⑤给记账凭证编号并登记日记账及明细账。

在指导学生进行模拟实验的过程中，指导老师结合本章教学内容，重点训练增值税发票辨认和审核方法，月末一次加权平均法的运用、月末存货清查、月末存货减值测试等实务操作，增加学生的感性认识，让学生在实务操作中复习巩固理论课中的知识。

(3)课后复习。在进行课前预习和课中实训后，要求学生从以下两个方面进行课后复习：

①复习模拟实验实务操作的要点；

②做课后复习题。

第六章 投资模拟实训设计与实施

一、实训目标和要求

(一)实训目标

通过实训使学生了解投资的分类、特点;熟悉交易性金融资产、可供出售的金融资产、持有至到期投资、长期股权投资的确认,长期股权投资成本法与权益法的适用;掌握可供出售的金融资产、持有至到期投资的会计处理;重点掌握交易性金融资产、长期股权投资的会计处理。

(二)实训要求

(1)预习投资内容,完成预习思考题。

(2)进行模拟实验时,仔细分析审核原始凭证,根据原始凭证判断经济业务内容,按理论课上讲述的内容进行会计处理。

(3)课后复习,完成布置的习题。

二、模拟实训内容设计

(一)习题训练

预习思考题

(1)什么是投资?如何对投资进行分类?

(2)交易性金融资产如何进行会计处理?

(3)可供出售金融资产的会计处理要点是什么?

(4)持有至到期投资如何进行会计处理?

(5)长期股权投资如何进行会计处理?成本法与权益法各自的适用范围是什么?

(6)如何确认各类投资的处置损益?

课内练习

一、单项选择题

①关于金融资产,下列说法正确的是( )。

A. 衍生工具不能划分为交易性金融资产

B. 长期股权投资也属于金融资产

C. 货币资金不属于金融资产

D. 企业的应收账款和应收票据不属于金融资产

②企业以每股 3.60 元的价格购入甲公司股票 20 000 股作为交易性金融资产，并交付交易税费 300 元。股票的买价中包括了每股 0.20 元已宣告但尚未派发的现金股利。该交易性金融资产的初始确认金额为(　)。

A. 68 000 元　　B. 68 300 元　　C. 72 000 元　　D. 72 300 元

③企业于 2007 年 1 月 1 日，支付 53 250 元(含债券利息)的价款购入面值 50 000 元、2006 年 1 月 1 日发行、票面利率 5%、期限 4 年、每年 12 月 31 日付息的债券作为持有至到期投资。应记入"持有至到期投资——利息调整"科目的金额为(　)。

A. 50 000 元　　B. 750 元　　C. 2 500 元　　D. 3 250 元

④企业持有的下列投资中，不计提减值准备的是(　)。

A. 交易性金融资产　　B. 持有至到期投资

C. 可供出售金融资产　　D. 长期股权投资

⑤长期股权投资采用成本法核算时，下列各种情况下，投资企业应相应调减"长期股权投资"账面价值的是(　)。

A. 被投资企业当年实现净利润时

B. 被投资企业当年实现净亏损时

C. 被投资企业所有者权益的其他变动时

D. 投资企业对持有的长期股权投资计提减值时

二、多项选择题

①企业对交易性金融资产进行有关会计处理时，会涉及"投资收益"科目的情况有(　)。

A. 取得投资时支付的相关税费

B. 取得投资时支付的价款中包含的现金股利

C. 持有期间获得的现金股利

D. 持有期间获得的股票股利

E. 持有期间发生的公允价值变动

②"持有至到期投资"科目下应设置的明细科目有(　)。

A. 成本　　B. 公允价值变动　　C. 利息调整

D. 损益调整　　E. 应计利息

③关于可供出售金融资产，下列说法中正确的有(　)。

A. 购买价款中包含的已宣告但尚未发放的现金股利应确认为应收项目

B. 可供出售金融资产的公允价值变动应计入资本公积

C. 可供出售金融资产按公允价值计量因而不需要计提减值准备

D. 处置可供出售金融资产时原计入所有者权益的公允价值变动应转入投资损益

E. 可供出售金融资产的投资对象既可以是股票也可以是债券

④关于金融资产减值，下列说法中不正确的有（ ）。

A. 金融资产发生减值时都要计提减值准备

B. 以公允价值计量的金融资产不计提减值准备

C. 持有至到期投资按摊余成本计量因而不计提减值准备

D. 按照《金融工具确认和计量》准则要求计提的减值准备均可以转回

E. 可供出售权益工具投资转回的减值损失金额应计入所有者权益

⑤企业购入股票作为长期股权投资，长期股权投资的取得成本包括（ ）。

A. 购入时实际支付的价款（不含已宣告尚未发放的现金股利）

B. 实际支付的价款中包含的已宣告但尚未发放的现金股利

C. 购入时实际支付的相关费用

D. 为购入股票发生的差旅费

三、判断题

①权益法下长期股权投资的初始投资成本小于投资时应享有被投资单位可辨认净资产公允价值份额的，不调整长期股权投资的入账价值。（ ）

②企业持有的长期股权投资发生减值的，减值损失一经确认，即使以后期间价值得以回升，也不得转回。（ ）

③企业在持有交易性金融资产期间所获得的现金股利或债券利息，应当冲减交易性金融资产的初始确认金额。（ ）

④“利息调整”是指持有至到期投资的初始确认金额与其面值之间的差额。（ ）

⑤交易性金融资产与可供出售金融资产均按公允价值计量，但公允价值的变动前者计入当期损益，后者计入所有者权益。（ ）

⑥企业在转回可供出售金融资产已计提的减值准备时，债券投资应当冲减资产减值损失，股票投资应当计入资本公积。（ ）

四、计算题及业务处理

①资料：2010 年 1 月 10 日，甲公司以每股 6.50 元的价格购入 B 公司每股面值 1 元的普通股 10 000 股作为交易性金融资产，并支付税金和手续费 500 元。2010 年 4 月 5 日，B 公司宣告 2009 年度股利分配方案，每股分派现金股利 0.10 元。2010 年 6 月 30 日，B 公司股票每股公允价值 7.50 元。2010 年 9 月 25 日，将 B 公司股票出售，收到出售价款 86 000 元。

要求：编制甲公司 2010 年度有关该项交易性金融资产的会计分录。

②资料：2006 年 1 月 1 日，甲公司支付价款 197 300 元（含 2005 年度已到付息期但尚未支付的债券利息和相关税费），购入 2005 年 1 月 1 日发行、面值 200 000 元、期限 4 年、票面利率 4%、每年 12 月 31 日付息、到期还本的 B 公司债券作为持有至到期投资。甲公司在取得债券时确定的实际利率为 6%。

要求：编制购入债券的会计分录；采用实际利率法计算各年年末应确认的债券利息收益并编制会计分录；编制债券到期收回本金和最后一期利息的会计分录。

③资料:2010 年 1 月 1 日,甲公司支付价款 526 730 元(包括相关税费),购入当日发行的面值 500 000 元、期限 3 年、票面利率 8%、每年 12 月 31 日付息、到期还本的 A 公司债券作为可供出售金融资产。甲公司在取得债券时确定的实际利率为 6%。2010 年 12 月 31 日,A 公司债券的公允价值为 520 000 元;2011 年 9 月 1 日,甲将 A 公司债券出售,取得转让收入 546 000 元。

要求:编制甲公司有关可供出售金融资产的会计分录。

④资料:A 公司 2010 年 1 月 1 日,以银行存款 1 000 000 元购入 C 公司 10%的股份,并准备长期持有,采用成本法核算。C 公司于 2010 年 5 月 2 日宣告分派 2009 年度的现金股利 100 000 元,C 公司 2010 年实现净利润 400 000 元。2011 年 4 月 20 日,C 公司宣告分派 2010 年现金股利 450 000 元。

要求:根据上述经济业务,进行相关的会计处理。

课后复习

一、单项选择题

①下列金融资产中,应按公允价值进行初始计量,且交易费用计入当期损益的是(　)。

A. 交易性金融资产　　B. 持有至到期投资

C. 应收款项　　D. 可供出售金融资产

②下列金融资产中,应作为可供出售金融资产的是(　)。

A. 企业从二级市场购入准备随时出售的普通股票

B. 企业购入有意图和有能力持有至到期的公司债券

C. 企业购入没有公开报价且不准备随时变现的 A 公司 5%的股权

D. 企业购入有公开报价但不准备随时变现的 A 公司 5%的流通股票

③企业购入债券作为持有至到期投资,该债券的初始投资成本应为(　)。

A. 债券面值　　B. 债券面值加相关交易费用

C. 债券公允价值　　D. 债券公允价值加相关交易费用

④甲公司出资 1 000 万元,取得了乙公司 70%的控股权,假如购买股权时乙公司的账面净资产价值为 1 600 万元,甲、乙公司合并前后同受一方控制。则甲公司确认的长期股权投资成本为(　)万元。

A. 1 000　　B. 1 120　　C. 800　　D. 1 200

⑤根据《企业会计准则第 2 号——长期股权投资》的规定,长期股权投资采用权益法核算时,下列各项不会引起长期股权投资账面价值减少的是(　)。

A. 被投资单位计提盈余公积

B. 被投资单位净利润经过投资方调整后确定发生净亏损

C. 被投资单位对外捐赠

D. 被投资单位宣告发放现金股利

二、多项选择题

①根据企业会计准则对金融资产的分类，金融资产在初始确认时应当分为(　)。

A. 以公允价值计量且变动计入当期损益的金融资产

B. 交易性金融资产

C. 持有至到期投资

D. 贷款和应收款项

E. 可供出售金融资产

②企业采用权益法核算时，下列事项中会引起长期股权投资账面价值发生增减变动的有(　)。

A. 收到发放的现金股利

B. 获得分派的股票股利

C. 处置长期股权投资

D. 投资后，被投资企业可供出售金融资产公允价值发生了变化。

③企业不得将下列哪些金融资产划分为持有至到期投资(　)。

A. 初始确认时即被指定为以公允价值计量且其变动计入当期损益的非衍生金融资产

B. 初始确认时即被指定为可供出售的非衍生金融资产

C. 符合贷款和应收款项的定义的非衍生金融资产

D. 企业购买的某公司的股票投资

④“可供出售金融资产”账户下应设置的明细账户有(　)。

A. 成本　　B. 公允价值变动　　C. 利息调整

D. 损益调整　　E. 应计利息

三、判断题

①交易性金融资产不需要计提资产减值准备。(　)

②如果持有至到期投资的初始确认金额大于其面值，则利息调整的摊销会导致持有至到期投资账面摊余成本逐期减少。(　)

③企业取得的可供出售金融资产，在持有期间应按公允价值计量，且公允价值的变动计入所有者权益。(　)

④已计提减值准备的持有至到期投资价值以后又得到恢复，应在原已计提的减值准备金额内恢复其账面价值。(　)

⑤采用成本法核算的长期股权投资，在持有期间所取得的现金股利，应全部计入投资收益。(　)

四、计算题及业务处理

①资料：甲公司 2010 年有关交易性金融资产的业务如下：

3 月 1 日，以银行存款购入 A 公司股票 40 000 股，并准备随时变现，每股买价 15 元，同时支付相关税费 3 000 元。

4 月 10 日，A 公司宣告发放现金股利每股 0.2 元。

4 月 15 日，又购入 A 公司股票 60 000 股，并准备随时变现，每股买价 16.2 元(其中包含已宣告发放尚未支取的股利每股 0.2 元)，同时支付相关税费 4 800 元。

4 月 20 日，收到 A 公司发放的现金股利 20 000 元。

6 月 30 日，A 公司股票市价为每股 16.4 元。

7 月 15 日，该公司以每股 16.8 元的价格转让 A 公司股票 60 000 股，扣除相关税费 5 040 元，实得金额为 1 002 960 元。

12 月 31 日，A 公司股票市价为每股 17 元。

要求：根据上述经济业务，进行相关的会计处理。

②资料：A 公司于 2008 年 1 月 1 日从证券市场上购入 B 公司于 2007 年 1 月 1 日发行的债券，该债券 4 年期、票面年利率为 4%、每年 1 月 5 日支付上年度的利息，到期日为 2011 年 1 月 1 日，到期日一次归还本金和最后一次利息。A 公司购入债券的面值为 1 000 万元，实际支付价款为 992.77 万元，另支付相关费用 20 万元。A 公司购入后将其划分为持有至到期投资。购入债券的实际利率为 5%。假定按年计提利息。

要求：根据上述经济业务，进行相关的会计处理。

③资料：乙公司于 2008 年 7 月 13 日从二级市场购入股票 1 000 000 股，每股市价 15 元，手续费 30 000 元；初始确认时，该股票划分为可供出售金融资产。乙公司至 2008 年 12 月 31 日仍持有该股票，该股票当时的市价为 16 元。2009 年 2 月 1 日，乙公司将该股票售出，售价为每股 13 元，另支付交易费用 30 000 元。

要求：根据上述经济业务，进行相关的会计处理。

④资料：M 公司 2007 年至 2008 年对 N 公司投资业务的有关资料如下：

2007 年 1 月 1 日，M 公司以银行存款 2 000 万元购入 N 公司 20% 的股份，另支付相关税费 10 万元。M 公司对 N 公司的财务和经营决策具有重大影响，并准备长期持有该股份。2007 年 1 月 1 日 N 公司的可辨认净资产的公允价值为 9 150 万元。N 公司固定资产的公允价值为 800 万元，账面价值为 656 万元，固定资产的预计尚可使用年限为 10 年，净残值为零，采用年限平均法计提折旧。N 公司其他资产和负债的公允价值与账面价值相同。

2007 年 5 月 1 日，N 公司宣告分派 2006 年度利润 100 万元。

2007 年 6 月 8 日，M 公司收到 N 公司分派的现金股利。

2007 年度，N 公司实现净利润 476 万元。

2008 年 5 月 2 日，N 公司召开股东大会，审议通过的利润分配方案为按净利润的 10% 提取法定盈余公积，按净利润的 5% 提取法定公益金，分配现金股利 100 万元。

2008 年，N 公司发生净亏损 500 万元。

2008 年 12 月 31 日，由于 N 公司当年发生亏损。M 公司对 N 公司投资的预计可收回金额降至 1 790.8 万元。

要求：根据上述经济业务，做出 M 公司相关的会计处理。

五、拓展题

比较各类投资并进行论述，字数 1 000 字左右。

(二)模拟实验

1. 12 日,通过申银万国证券公司天津东丽营业部从上海证券交易所购入中信证券股票 80 000 股,买入价 10.5 元/股,支付相关交易税费 2 600 元。并将此项投资确认为交易性金融资产。

原始凭证:证券买入交割单

证券中央登记结算公司

2010 年 12 月 12 日	成交过户交割凭单	买	
股东编号	1008527	成交证券	中信证券
电脑编号	Z22534	成交数量	80 000
公司名称/代号	600030	成交价格	10.50
申报编号	0732	成交金额	840 000.00
申报时间	10:09	标准佣金	2 520.00
成交时间	10:10	过户费用	80.00
上次余额	0	印花税	
本次成交	80 000 股	应付金额	842 600.00
本次余额	80 000 股	最终余额	80 000 股
附加费用		实付金额	842 600.00

③通知联

经办单位　　　　客户签章

2. 12 月 18 日,公司通过建行东丽支行认购 2009 年 1 月 1 日发行的三年期国库券 800 000 元,实际支付金额 836 000 元,打算持有至国库券到期。

原始凭证:国债认购确认书、转账支票存根

中华人民共和国储蓄国债(电子式)认购确认书

中国建设银行　　2010 年 12 月 18 日　　流水号:349856670

企业信息	户　名	天津市红星啤酒股份有限公司		
	托管账号	0002120106002673452	资金账号	159233342567
债券基本信息	债券代码	091706	期限	3 年
	起息日	20101218	到期日	20111231
	付息方式	定期付息	认购面额	捌拾万元整
	计息方式	固定利率,票面利率 4.2%		
提兑	持有时间:000 月——006 月,适用利率:0,扣除利息天数:0000 天; 持有时间:006 月——024 月,适用利率:执行利率,扣除利息天数:0180 天; 持有时间:024 月——036 月,适用利率:执行利率,扣除利息天数:0090 天; 持有时间:　月——　月,适用利率:执行利率,扣除利息天数:　天。			

网点号:0256　　柜员:张彤　　银行签章:

中国建设银行

转账支票存根

B B 00049521

科目____________

对方科目________

出票日期 2010 年 12 月 18 日

收款人:天津市建设银行东丽支行国库券购买专户
金　额:836 000 元
用　途:购买国库券

单位主管:李明　　　　会计:王芳

3. 12 月 18 日,收到宝成公司的现金红利 19 000 元。

业务提示:红星啤酒股份有限公司拥有宝成公司 25%的股份,对宝成公司能施加重大影响,公司已确认为长期股权投资,采用权益法核算。

原始凭证:建设银行收款通知

中国建设银行

CHINA CONSTRUCTION BANK

付款人账号:6253780621342	付款人名称:天津宝成股份有限公司
收款人账号:159233342567	收款人名称:天津市红星啤酒股份有限公司
付款人开户行行号:10203025	收款人开户行行号:10301047
发起行行号:10203018	发起行名称:中国工商银行南开分行
接受行行号:10301047	接受行名称:中国建设银行东丽支行
币种:RMB 人民币:壹万玖仟元整	交易金额:19,000.00
附言:支付红利	建行东丽支行 20101218 模拟 转讫
报单日期:20101216　　支付交易序号:10120124	业务种类:同城转账
交易种类:○ 大额　⊙ 小额	

4. 12 月 22 日，卖出 50 000 股中信证券股票，卖出价 12 元/股，支付相关交易税费 2 450 元。

原始凭证：证券卖出交割单

证券中央登记结算公司

2010 年 12 月 22 日　　成交过户交割凭单　　卖			
股东编号	1008527	成交证券	中信证券
电脑编号	Z31256	成交数量	50 000
公司名称/代号	600030	成交价格	12.00
申报编号	010220	成交金额	600 000.00
申报时间	13:35	标准佣金	1 800.00
成交时间	13:36	过户费用	50.00
上次余额	80 000 股	印花税	600.00
本次成交	50 000 股	应付金额	597 550.00
本次余额	30 000 股	最终余额	30 000 股
附加费用		实收金额	597 550.00

③通知联

经办单位　　　　　　　　　　　　客户签章

5. 月末，中信证券股票市价 11.2 元/股。

原始凭证：交易性金融资产公允价值变动损益计算表

交易性金融资产公允价值变动损益计算表

2010 年 12 月 31 日　　　　单位：元

项目	账面余额	公允价值	公允价值变动损益
中信证券股票	315 000	336 000	21 000

审批：李明　　　　　　　　　　制表人：王芳

6. 月末，收到宝成公司的书面通知，告知该公司 2010 年度利润实现情况及所有者变动情况，业务提示：红星啤酒股份有限公司拥有宝成公司 25% 的股份，对宝成公司能施加重大影响，公司已确认为长期股权投资，采用权益法核算。

原始凭证：宝成公司业绩公告书

天津宝成股份有限公司业绩公告（节选）

全体股东：

本公司 2010 年度经营成果公告如下：

一、2010 年主要财务数据及指标（略）

二、2010 年度经营业绩和财务状况说明

公司 2010 年度实现营业收入 6 350 000 元，较去年同期增加 10.25%；营业利润为 2 985 007.57 元，较去年同期减少 8.26%；净利润为 956 255.68 元，较去年同期减少 7.29%。

三、2010 年所有者权益变动情况说明

公司 2010 年度资本公积增加 120 000 元，系公司持有的可供出售金融资产期末公允价值变动所致。

……

天津宝成股份有限公司

2010.12.31

7. 月末，公司收到华夏稳增基金的净值公告，按公允价值确认可供出售金融资产的期末价值。

业务提示：2008 年，公司购买了 500 000 份华夏稳增基金，划分为可供出售的金融资产进行核算。

原始凭证：华夏基金公司基金净值公告

华夏基金管理有限公司关于旗下开放式基金净值的公告

经基金托管人复核，截至 2011 年 12 月 31 日，华夏基金管理有限公司旗下开放式基金的份额净值、累计份额净值及基金资产净值如下（单位：人民币元）：

序号	基金代码	基金名称	基金份额净值	基金资产净值
……				
8	519029	华夏稳增	1.05	10 500 000 000
……				

三、模拟实训实施

(一)本章知识要点

1. 基本概念及理论

(1)投资分类。见表 6-1

表 6-1　投资分类

投资分类	分类依据及特点
交易性金融资产	持有目的为近期内出售的衍生金融工具,如企业以赚取差价为目的购入的股票、债券、基金、期货等,确认后不能重分类为其他类别的金融资产。
持有至到期投资	持有到期日固定,回收金额固定或可确定,且企业有明确意图和能力持有至到期的非衍生金融资产,如企业打算持有至到期的债券。确认后可以根据企业持有意图的变化重分类为可供出售金融资产。
可供出售的金融资产	在初始确认时即被指定为可供出售的金融资产,以及除了贷款和应收款项、持有至到期投资、交易性金融资产以外的金融资产。如企业购入的在活跃市场上有报价的股票、债权、基金等
长期股权投资	对子公司、合营企业、联营企业的权益性投资,以及对被投资单位不具有控制或共同控制或重大影响且在活跃市场没有报价、公允价值不能可靠计量的权益性投资

(2)成本法和权法益的适用。长期股权投资可以采用成本法或权益法来进行核算,投资企业对被投资单位实施控制的长期股权投资或不具有共同控制、重大影响且在活跃市场没有报价、公允价值不能可靠计量的权益性投资采用成本法核算;投资企业对被投资单位实施共同控制或重大影响的长期股权投资采用权益法核算。

2. 会计分录(表 6-2)

3. 实务操作

(1)通过券商购买股票、基金、债券应支付的交易税费。投资者通过券商委托买卖证券时应支付一定的税费,这些费用按收取机构可分为券商费用、交易场所费用和国家税收。目前,投资者在我国券商交易上交所和深交所挂牌的 A 股、基金、债券时,需缴纳的各项费用主要有:委托费、佣金、印花税、过户费等。

委托费,这笔费用主要用于支付通讯等方面的开支。一般按笔计算,交易上海股票、基金时,上海本地券商按每笔 1 元收费,异地券商按每笔 5 元收费;交易深圳股票、基金时,券商按 1 元收费。

佣金,这是投资者在委托买卖成交后所需支付给券商的费用。上海股票、基金及深圳股票均按实际成交金额的 1‰向券商支付,上海股票、深圳股票成交佣金起点为 5 元;债券交易佣金收取最高不超过实际成交金额的 2‰,大宗交易可适当降低。

印花税,投资者在卖出成交后支付给财税部门的税收。上海股票及深圳股票均按实际成交金额的 1‰支付,此税收由券商代扣后由交易所统一代缴。债券与基金交易均免交此项税收。

表 6-2　各类投资会计处理比较

	交易性金融资产	持有至到期投资	可供出售的金融资产		长期股权投资	
			股票或基金投资	债券投资	成本法	权益法
设置账户	交易性金融资产——成本 交易性金融资产——公允价值变动	持有至到期投资——成本 持有至到期投资——利息调整 持有至到期投资——应计利息 持有至到期投资减值准备	可供出售金融资产——成本 可供出售金融资产——公允价值变动	可供出售金融资产——成本 可供出售金融资产——利息调整 可供出售金融资产——应计利息 可供出售金融资产——公允价值变动	长期股权投资 长期股权投资减值准备	长期股权投资——成本 长期股权投资——损益调整 长期股权投资——其他权益变动 长期股权投资减值准备
取得	借:交易性金融资产——成本(按公允价值) 应收股利、应收利息 投资收益(交易费用) 贷:其他货币资金——存出投资款、银行存款等	借:持有至到期投资——成本(按面值) 应收利息 持有至到期投资——利息调整(差额,或借或贷) 贷:银行存款等	借:可供出售金融资产——成本(公允价值与交易费用之和) 应收股利 贷:银行存款等	借:可供出售金融资产——成本(按面值) 应收利息 持有至到期投资——利息调整(差额,或借或贷) 贷:银行存款等	借:长期股权投资(公允价值与交易费用之和) 应收股利 贷:银行存款等	初始投资成本大于投资时应享有可辨认净资产公允价值份额 借:长期股权投资－成本(按投资成本) 贷:银行存款等 小于 借:长期股权投资－成本(按公允价值) 贷:银行存款等 营业外收入(差额)

续表 6-2

	交易性金融资产	持有至到期投资	可供出售的金融资产		长期股权投资	
			股票或基金投资	债券投资	成本法	权益法
收益确认	计提红利或利息 借:应收股利、应收利息 贷:投资收益 收到红利或利息 借:银行存款 贷:应收股利、应收利息	计提利息 借:应收利息、持有至到期投资——应计利息(按票面利息) 持有至到期投资——利息调整(差额,或借或贷) 贷:投资收益(按摊余成本与实际利率之积) 收到利息 借:银行存款 贷:应收利息、持有至到期投资——应计利息	计提红利 借:应收股利 贷:投资收益 收到红利 借:银行存款 贷:应收股利	计提利息 借:应收利息、可供出售金融资产-应计利息(按票面利息) 可供出售金融资产——利息调整(差额,或借或贷) 贷:投资收益(按摊余成本与实际利率之积) 收到利息 借:银行存款 贷:应收利息、可供出售金融资产——应计利息	计提红利 借:应收股利 贷:投资收益 收到红利 借:银行存款 贷:应收股利	根据被投资单位实现净利润或经调整的净利润,按投资单位应享有的份额 借:长期股权投资——损益调整(按应享有份额) 贷:投资收益 如果被投资单位亏损,则反向做分录 被投资单位除净损益以外所有者权益的其他变动 借:长期股权投资——其他权益变动(或借或贷) 贷:资本公积——其他资本公积(或借或贷) 宣告分红 借:应收股利 贷:长期股权投资——损益调整 收到红利 借: 银行存款 贷:应收股利

续表 6-2

	交易性金融资产	持有至到期投资	可供出售的金融资产		长期股权投资	
			股票或基金投资	债券投资	成本法	权益法
期末计量	按公允价值计量 资产负债表日公允价值大于账面余额，小于则做相反分录 借：交易性金融资产——公允价值变动 贷：公允价值变动损益	减值测试 借：资产减值损失 贷：持有至到期投资减值准备 价值恢复后可以转回	按公允价值计量 借：可供出售金融资产——公允价值变动（或借或贷） 贷：资本公积——其他资本公积（或借或贷） 公允价值持续大幅度下跌 借：资产减值损失 贷：资本公积——其他资本公积 可供出售金融资产——公允价值变动	按公允价值计量 借：可供出售金融资产——公允价值变动（或借或贷） 贷：资本公积－其他资本公积（或借或贷） 公允价值持续大幅度下跌 借：资产减值损失 贷：资本公积——其他资本公积 可供出售金融资产——公允价值变动	减值测试 借：资产减值损失 贷：长期股权投资减值准备 价值恢复也不得转回	减值测试 借：资产减值损失 贷：长期股权投资减值准备 价值恢复也不得转回
处置	借：银行存款、其他货币资金——存出投资款 贷：交易性金融资产——成本 交易性金融资产——公允价值变动（或借或贷） 投资收益（或借或贷） 借：公允价值变动损益（或借或贷） 贷：投资收益	借：银行存款 持有至到期投资减值准备 贷：持有至到期投资——成本 持有至到期投资——应计利息 持有至到期投资——利息调整（或借或贷） 投资收益（差额，或借或贷）	借：银行存款 贷：可供出售金融资产——成本 可供出售金融资产——公允价值变动（或借或贷） 投资收益（差额，或借或贷） 借：资本公积－其他资本公积（或借或贷） 贷：投资收益（或借或贷）	借：银行存款 贷：可供出售金融资产——成本 可供出售金融资产——应计利息 可供出售金融资产——利息调整（或借或贷） 可供出售金融资产——公允价值变动（或借或贷） 投资收益（差额，或借或贷） 借：资本公积－其他资本公积（或借或贷） 贷：投资收益（或借或贷）	借：银行存款等 长期股权投资减值准备 贷：长期股权投资 投资收益（差额，或借或贷）	借：银行存款等 长期股权投资减值准备 贷：长期股权投资——成本 长期股权投资——损益调整（或借或贷） 长期股权投资——其他权益变动（或借或贷） 投资收益（差额，或借或贷） 借：资本公积——其他资本公积（或借或贷） 贷：投资收益

过户费，这是指股票成交后，更换户名所需支付的费用。由于我国两家交易所不同的运作方式，上海股票采取的是“中央登记、统一托管”，所以此费用只在投资者进行上海股票、基金交易中才支付此费用，按照成交面额的0.375‰收取。深股交易时无此费用。

(2)企业金融资产的确认与分类。

金融资产属于企业资产的重要组成部分，主要包括库存现金、银行存款、应收账款、应收票据、其他应收款项、股权投资、债券投资和衍生金融工具形成的资产等。企业应当结合自身业务特点、投资策略和风险管理要求，将取得的金融资产在初始确认时进行分类确认，金融资产分类与金融资产的计量密切相关，不同类别的金融资产，其初始计量和后续计量采用的基础不完全相同。因此，金融资产分类一经确定，不应随意变更。

(二)实训重点及难点内容

(1)交易性金融资产的会计处理。

(2)持有至到期投资的会计处理。

(3)可供出售金融资产的会计处理。

(4)长期股权投资的会计处理。

(三)实训具体实施方法

1.教学内容分析

投资是整个中级财务会计课程中难度最大的一章，涉及了四类投资的会计处理，这些会计处理非常繁琐，各类投资的会计处理有类似之处却又有所区别，很容易混淆。

容易理解的理论知识有投资的概念及分类、长期股权投资成本法和权益法的适用范围，较难理解的理论知识包括公允价值期末计量、持有至到期投资的重分类，难以理解的理论知识包括摊余成本、利息调整的摊销、成本法与权益法的区别。

会计处理比较简单的业务包括交易性金融资产的会计处理。会计处理较难的业务包括持有到期投资的会计处理、长期股权投资的成本法核算。会计处理很难的业务包括可供出售金融资产的会计处理、长期股权投资的权益法核算。

实务操作的内容中，根据企业投资的目的和意图对金融资产进行分类及期初确认对于学生来说具有一定的难度。

企业如何根据自己的资金情况及风险管理要求进行投资，财务人员如何提供投资的决策依据，属于企业财务管理中的重要内容，引导学生去搜集相应的案例和资料进行分析，培养学生财务管理的意识。

2.课时分配与安排

投资一章的计划课时为15课时，其中理论课11课时，模拟实训4课时。该章内容多、难度大，需要重点详细地进行理论讲解，计划课时安排较多。在理论讲解的同时穿插课中练习和模拟实验，调节好授课的节奏和气氛。

3.实训流程

(1)课前预习。教师在课前强调预习要求和要点，布置预习思考题，让学生通过自学完成预习思考题，掌握本章容易理解的理论知识和比较简单的业务的会计处理，熟悉较难理解的理论知识和会计处理较难的业务的会计处理，了解难以理解的理论知识。

(2)课中实训。课中实训由两部分组成，一是多做课中练习，每讲完一种投资就通过反复练习来巩固理论课上的内容；二是在理论课讲述的过程中穿插进行模拟实验，增加学生对各类投资的感性认识，帮助记忆和理解各类投资的会计处理。模拟实验可以按以下步骤进行：

①指导学生根据本章模拟实验的资料进行原始凭证的辨认与审核，判断投资的类型，进行期初确认，编制记账凭证；

②指导学生按照不同投资的期末计价方法，进行期末价值的计算，审核原始凭证，编制记账凭证；

③指导学生进行长期股权投资的收益确认，审核原始凭证，编制记账凭证；

④给记账凭证编号并登记日记账和明细账。

在指导学生进行模拟实验的过程中，指导老师结合本章理论课教学内容，配合理论课进行相应的模拟实验，重点训练投资收益的确认、各类投资的期末计价，增加学生的感性认识，让学生在实务操作中理解巩固理论课中的知识。

(3)课后复习。在进行课前预习和课中实训后，要求学生从以下两个方面进行课后复习：

①复习模拟实验实务操作的要点；

②做课后复习题。

第七章　固定资产、无形资产模拟实训设计与实施

一、实训目标和要求

(一)实训目标

通过实训使学生了解固定资产、无形资产的特点和分类;熟悉固定资产、无形资产的确认和计价基础;掌握固定资产初始计量、折旧、期末计价、后续支出、处置的会计处理,无形资产初始计量、摊销、期末计价、处置的会计处理;重点掌握固定资产不同折旧方法的计算,自行开发研究的无形资产的会计处理。

(二)实训要求

(1)预习固定资产、无形资产内容,完成预习思考题。

(2)进行模拟实验时,仔细分析审核原始凭证,根据原始凭证判断经济业务内容,按理论课上讲述的内容进行会计处理。

(3)课后复习,完成布置的习题。

二、模拟实训内容设计

(一)习题训练

预习思考题

(1)什么是固定资产? 如何确定其价值构成?

(2)什么是固定资产折旧? 固定资产折旧的计算方法有哪些?

(3)固定资产的后续支出如何进行会计处理?

(4)如何进行固定资产处置?

(5)固定资产发生减值如何进行会计处理?

(6)无形资产的定义及特征?

(7)无形资产入账价值应如何确定?

(8)如何进行无形资产的取得、摊销、出租、出售、报废的会计处理?

课内练习

一、单项选择题

①某企业于2006年12月31日购入一项固定资产,其原价为200万元,预计使用年限为5年,预计净残值为0.8万元,采用双倍余额递减法计提折旧。20×7年度该项固定资产应计提

的年折旧额为( )万元。

A. 39.84　　B. 66.4　　C. 79.68　　D. 80

②和年限平均法相比,采用双倍余额递减法对固定资产计提折旧将使( )。

A. 计提折旧的初期,企业利润减少,固定资产原值减少

B. 计提折旧的初期,企业利润减少,固定资产净值减少

C. 计提折旧的后期,企业利润减少,固定资产原值减少

D. 计提折旧的后期,企业利润减少,固定资产净值减少

③企业购入一台需要安装的设备,实际支付买价 20 万元,增值税 3.4 万元,另支付运杂费 0.3 万元,途中保险费 0.1 万元。安装过程中,领用一批原材料,成本 4 万元,支付安装人员工资 2 万元,该设备达到预定可使用状态时,其入账价值为( )万元。

A. 30.65　　B. 27.08　　C. 30.48　　D. 26.4

④下列项目,属于企业无形资产的是( )。

A. 企业自创的品牌　　B. 商誉　　C. 客户关系　　D. 技术诀窍

⑤对于企业出售无形资产实现的收益,正确的会计处理是( )。

A. 计入其他业务收入　　B. 冲减管理费用　　C. 计入营业外收入　　D. 计入本年利润

⑥企业 2003 年 1 月 1 日购入一项专利权,实际成本为 200 万元,摊销年限为 10 年,采用直线法摊销。2007 年 12 月 31 日,该无形资产发生减值,预计可收回金额为 70 万元。计提减值准备后,该无形资产原摊销年限和摊销方法不变。2008 年 12 月 31 日,该无形资产的账面余额为( )万元。

A. 200　　B. 86　　C. 56　　D. 130

二、多项选择题

①下列关于固定资产计提折旧的表述,正确的有( )。

A. 提前报废的固定资产不再补提折旧

B. 固定资产折旧方法一经确定不得改变

C. 已提足折旧但仍继续使用的固定资产不再计提折旧

D. 自行建造的固定资产应自办理竣工决算时开始计提折旧

②企业结转固定资产清理净损益时,可能涉及的会计科目有( )。

A. 管理费用　　B. 营业外收入

C. 营业外支出　　D. 财务费用

③下列事项中,应对固定资产账面价值进行调整的有( )。

A. 对自有固定资产进行改良,符合资本化条件

B. 确定原暂估入账固定资产的实际成本

C. 对经营租入的设备进行改良

D. 固定资产发生减值

④下列各项目中,一般而言有期限的是( )。

A. 专营权　　B. 商标权　　C. 非专利技术

D. 商誉　　E. 著作权

⑤下列关于无形资产摊销的说法,正确的有( )。

A. 无形资产应当自可供使用当月起开始进行摊销

B. 当月达到预定用途的无形资产，当月不摊销，下月开始摊销

C. 企业自用无形资产的摊销金额都应当计入管理费用

D. 企业出租无形资产的摊销价值应该计入营业外支出

E. 并不是所有的无形资产都要进行摊销

⑥下列项目中，构成开发支出资本化条件的是（　）。

A. 无形资产产生经济利益的方式

B. 归属于该无形资产开发阶段的支出能够可靠地计量

C. 具有完成该无形资产并使用或出售的意图

D. 开发的技术必须能够申请专利权

E. 完成该无形资产以便其能够使用或出售在技术上具有可行性

三、判断题

①企业自行建造固定资产，应按建造该项资产竣工决算前所发生的必要支出，作为固定资产的成本。（　）

②对于已达到预定可使用状态但尚未办理竣工决算的固定资产，待办理竣工决算后，若实际成本与原暂估价值存在差异的，应调整已计提的折旧。（　）

③双倍余额递减法计算折旧开始时并不考虑预计的净残值。（　）

④我国的无形资产既包括可辨认的，也包括不可辨认的。（　）

⑤非专利技术与专利技术相同都是有期限的。（　）

⑥无形资产摊销期限一经确定，不得随意改变。（　）

四、计算题及业务处理题

①2010 年 12 月 15 日，甲公司购入一台不需要安装的机器设备，价款 117 000 元，增值税 19 890 元，另支付保险费 2 000 元，包装费 1 000 元，款项均以银行存款支付。该设备即日起投入基本生产车间使用，预计可使用 5 年，预计净残值为 5 000 元，假定不考虑固定资产减值因素。

要求：编制甲公司购入设备时的会计分录；分别用年限平均法、双倍余额递减法、年数总和法计算甲公司 2011—2015 年度该固定资产每年应计提的折旧额。

②甲公司 2010 年 6 月份固定资产计提折旧情况如下：一车间厂房计提折旧 3 800 000 元，机器设备计提折旧 4 500 000 元；管理部门房屋建筑物计提折旧 6 500 000 元，运输工具计提折旧 2 400 000 元；销售部门房屋建筑物计提折旧 3 200 000 元，运输工具计提折旧 2 630 000 元。当月新购置机器设备一台，价值为 5 400 000 元，预计使用寿命为 10 年，该企业同类设备计提折旧采用年限平均法。做出甲公司 2010 年 6 月份固定资产折旧的会计处理。

③甲公司因遭受水灾而毁损一座仓库，该仓库原价 4 000 000 元，已计提折旧 1 000 000 元，未计提减值准备，其残料估计价值 50 000 元，残料已办理入库，发生的清理费用 20 000 元，以现金支付。经保险公司核定应赔偿损失 1 500 000 元，尚未收到赔款，假定不考虑相关税费。做出甲公司固定资产损毁的会计处理。

④资料：A 企业 2008 年 1 月 1 日从 B 企业购入一项专利的所有权，以银行存款支付买价和有关费用共计 40 000 元，该专利的法定有效期限为 10 年，合同规定的法定有效期限为 8 年，假定 A 企业无形资产按年摊销，两年后，A 企业将上项专利权出售给 C 企业，取得收入

35 000 元存入银行，该项收入适用的营业税税率为 5%(不考虑其他税费)。

要求：对 A 企业购入专利权进行会计处理；计算该项专利权的年摊销额并进行相关会计处理；做出企业转让该项专利权的会计处理。

课后复习题

一、单项选择题

①应对以下( )固定资产计提折旧。

A. 当月增加的固定资产　B. 已提足折旧仍继续使用的固定资产

C. 单独计价入账的土地　D. 当月减少的固定资产

②某企业对一座建筑物进行改建。该建筑物的原价为 100 万元，已提折旧为 60 万元。改建过程中发生支出 30 万元。被替换部分固定资产的账面价值为 5 万元。该建筑物改建后的入账价值为( )万元。

A. 65　B. 70　C. 125　D. 130

③某企业 2007 年 12 月 31 日购入一台设备，入账价值为 200 万元，预计使用寿命为 10 年，预计净残值为 20 万元，采用年限平均法计提折旧。2008 年 12 月 31 日该设备存在减值迹象，经测试预计可收回金额为 120 万元。2008 年 12 月 31 日该设备账面价值应为( )万元。

A. 120　B. 160　C. 180　D. 182

④下列有关无形资产的表述中错误的是( )。

A. 无形资产后续支出应当在发生时计入当期损益

B. 无形资产的成本应当自取得当月开始摊销

C. 无形资产的出租收入应当确认为其他业务收入

D. 无形资产的开发费用应在发生时计入当期损益

⑤下列各项中不会引起无形资产账面价值发生变动的是( )。

A. 对无形资产计提减值准备　B. 发生无形资产后续支出

C. 摊销无形资产　D. 转让无形资产所有权

⑥在会计期末，无形资产的账面价值高于其可收回金额的差额应当计入( )。

A. 管理费用　B. 销售费用　C. 其他业务成本　D. 资产减值损失

二、多项选择题

①下列各项固定资产，应当计提折旧的有( )。

A. 闲置的固定资产

B. 单独计价入账的土地

C. 经营租出的固定资产

D. 已提足折旧仍继续使用的固定资产

②确定固定资产处置损益时，应考虑的因素有( )。

A. 累计折旧　B. 税金　C. 清理人工费用　D. 固定资产减值准备

③下列各项中，会引起固定资产账面价值发生变化的有( )。

A. 计提固定资产减值准备　B. 计提固定资产折旧

C. 固定资产改扩建　D. 固定资产大修理

④企业出租无形资产发生的费用成本包括(　)。

A. 应交的营业税　　B. 为履行出租合同发生的各种费用

C. 无形资产的账面金额　　D. 无形资产的摊销金额

⑤下列说法中正确的是(　)。

A. 投资者投入的无形资产,应当按照投资合同或协议约定的价值作为成本,但合同或协议约定价值不公允的除外

B. 企业内部研究开发项目研究阶段的支出,应当于发生时计入当期损益

C. 开发过程中符合资本化条件的费用应当计入自行研发的无形资产的成本

D. 自创的商誉可以计入无形资产成本

⑥关于无形资产减值,下列说法正确的是(　)。

A. 当一项无形资产已被其他新技术等所代替,使其为企业创造经济利益的能力受到重大不利影响时计提

B. 当一项无形资产的市价在当期大幅下跌,在剩余摊销年限内预期不会恢复时计提

C. 计提的无形资产减值准备计入"营业外支出"科目

D. 当一项已计提减值准备的无形资产价值回升时可冲回已计提的减值准备

三、判断题

①企业对融资租入的固定资产虽不拥有所有权,但能对其进行控制,故应将其作为本企业的固定资产核算。(　)

②如果固定资产大修理支出符合资本化条件,可以计入固定资产价值。(　)

③企业将发生的固定资产后续支出计入固定资产成本的,应当终止确认被替换部分的账面价值。(　)

④无形资产计提的减值准备和转销所确认的损失均应计入企业当期的管理费用。(　)

⑤无形资产在确认后发生的支出,应在发生时计入无形资产成本。(　)

⑥使用寿命不确定的无形资产不进行价值摊销,而是在每个会计期间运用稳健原则,进行减值测试,计提无形资产减值准备。(　)

四、计算题及业务题

①企业 2010 年 3 月购入并投入使用不需要安装设备一台,原值 860 万元,预计使用年限 5 年,预计净残值 2 万元,采用双倍余额递减法计提折旧,计算企业 2010 年、2011 年应计提的折旧额。

②甲公司出售一座建筑物,原价为 2 000 000 元,已计提折旧 1 000 000 元,未计提减值准备,实际出售价格为 1 200 000 元,已通过银行收回价款,销售该固定资产应缴纳的营业税,按规定适用的营业税税率为 5%,做出甲公司出售该固定资产的会计处理。

③甲公司为增值税一般纳税人。2011 年 1 月,企业用自营方式建造一间材料仓库,相关资料如下:

2011 年 1 月 7 日,购入工程用物资 20 万元,增值税为 3.4 万元,该批物资已验收入库,款项已付。

2011 年 1 月 10 日,领用上述物资,用于建造仓库。

2011 年 1 月 11 日,领用本单位生产的产品用于工程建设,该批产品成本为 2 万元,计税

价格为 3 万元，增值税率为 17%。

2011 年 1 月至 3 月，应付工程人员工资 2 万元，用银行存款支付其他费用 0.92 万元。

2011 年 3 月 20 日，该仓库达到预定可使用状态，估计可使用 10 年，预计净残值为 2 万元，采用直线法计提折旧。

2016 年 1 月 25 日，该仓库突遭火灾焚毁，残料估值 4 万元，验收入库，用银行存款支付清理费用 1 万元，经保险公司核保应赔偿损失 7 万元。尚未收到赔款。甲公司确认了该仓库的毁损损失。

要求：计算该仓库的入账价值；计算 2011 年度该仓库应计提的折旧金额；根据上述资料做出相应的会计分录。

④资料：2005 年 1 月 1 日，甲企业外购 A 无形资产自用，实际支付的价款为 2 000 000 元。根据相关法律，A 无形资产的有效年限 10 年，已使用 1 年。甲企业估计 A 无形资产预计使用年限为 5 年。假定企业对无形资产按年摊销。2006 年 12 月 31 日，由于与 A 无形资产相关的经济因素发生不利变化，致使 A 无形资产发生价值减值。甲企业估计其可收回金额为 900 000 元。2008 年 12 月 31 日，甲企业发行股票，导致 A 无形资产在 2006 年发生减值损失的不利经济因素已全部消失，且此时估计 A 无形资产的可收回金额为 800 000 元。假定不考虑所得税及其他相关税费的影响。

要求：对无形资产购入到无形资产使用期满相关业务进行会计处理。

五、拓展题

写一篇关于企业固定资产管理的小论文，字数 1 000 字左右。

(二)模拟实验

1. 8 日，从北京飞鸿机械设备公司购入 2 台糖化锅作为生产设备，不含税价款 36 000 元，增值税 6 120 元，公司通过工商银行电汇货款。

原始凭证：增值税专用发票(发票联、抵扣联)、工商银行电汇单

付款申请单

2010 年 12 月 8 日　　　　No. 5268702794

付款部门：采购部	申请人：刘云
付款原因：采购设备	
付款方式：现金　　转账支票　　电汇 √　　其他	
付款金额：人民币(大写)：肆万贰仟壹佰贰拾元整	小写：¥42 120.00
收款单位：飞鸿机械设备公司	银行付讫
开户银行及账号：北京银行昌平支行 06078005340836	

单位负责人：刘奇　　财务经理：李明　　部门负责人：洪强　　审核：王芳　　出纳：张平

增值税专用发票

全国统一发票监制章 国家税务总局监制

抵扣联

开票日期：2010 年 12 月 8 日　　　　No. 03032400

购货单位		密码区
名称	天津市红星啤酒股份有限公司	<071409+/8*5742/3590　加密版本号:01
纳税人识别号	1201113557789	51+/<30+42+/22<4/5/>1
地址、电话	天津市东丽区第六大道 108 号 60080066	806<<5-129-9+0-91312　7846672632
开户行及账号	中国工商银行东丽支行 168230028555	4/*6753>>2-8+859/>>40　5650642

货物及应税劳务名称	规格型号	单位	数量	单价	金额	税率	税额
糖化锅		台	2	18 000.00	36 000.00	17%	6 120.00
						%	
						%	
						%	
						%	
合计					36 000.00	%	6 120.00
价税合计(大写)	零仟零佰零拾肆万贰仟壹佰贰拾零元零角零分					(小写)	42 120.00

销货单位		备注
名称	北京飞鸿机械设备公司	北京飞鸿机械设备公司 模拟 110102798715226 发票专用章
纳税人识别号	110102798715226	
地址、电话	北京市昌平区胜利路 92 号　58263478	
开户行及账号	北京银行昌平支行　06078005340836	

第一联 抵扣联 购货方抵扣凭证

收款人：郑燕　　　　销货单位(盖章)

增值税专用发票

发票联

（国家税务总局监制）

开票日期：2010 年 12 月 8 日　　　　No. 03032400

购货单位	名称	天津市红星啤酒股份有限公司	密码区：<071409+/8*5742/3590 加密版本号:01 51+/<30+42+/22<4/5/>1 806<<5-129-9+0-91312 7846672632 4/*6753>>2-8+859/>>40 5650642
	纳税人识别号	1201113557789	
	地址、电话	天津市东丽区第六大道 108 号 60080066	
	开户行及账号	中国工商银行东丽支行 168230028555	

货物及应税劳务名称	规格型号	单位	数量	单价	金额	税率	税额
糖化锅		台	2	18 000.00	36 000.00	17%	6 120.00
						%	
						%	
						%	
						%	
合计					36,000.00	%	6 120.00
价税合计(大写)	零仟零佰零拾肆万贰仟壹佰贰拾零元零角零分					(小写)	42 120.00

销货单位	名称	北京飞鸿机械设备公司	备注：北京飞鸿机械设备公司 模拟 110102798715226 发票专用章
	纳税人识别号	110102798715226	
	地址、电话	北京市昌平区胜利路 92 号 58263478	
	开户行及账号	北京银行昌平支行 06078005340836	

收款人：郑燕　　　　销货单位(盖章)

第二联 发票联 购货方记账凭证

银行电汇凭证(回单)1

■ 普通 □ 加急　　　　委托日期：2010 年 12 月 8 日

汇款人	全称	天津市红星啤酒股份有限公司	收款人	全称	北京飞鸿机械设备公司
	账号	168230028555		账号	06078005340836
	汇出地点	省 天津市/县		汇入地点	省 北京市/县
汇出行名称		中国工商银行东丽支行	汇入行名称		北京银行昌平支行

金额	人民币(大写)	亿	千	百	十	万	千	百	十	元	角	分
	肆万贰仟壹佰贰拾元整				¥	4	2	1	2	0	0	0

汇出行签章：工行东丽支行 20101208 模拟 转讫	支付密码
	附加信息及用途： 复核：李青 记账：洪强

此联汇出行给汇款人的回单

2. 8 日，基本生产车间有一台发酵设备，由于机械故障损坏，经批准作报废处理，该设备原值 85 000 元，已提折旧 74 700 元。没有计提资产减值准备。

原始凭证：固定资产报废申请单（该固定资产预计使用 5 年，实际使用 4.5 年）

设备报废申请单

2010 年 12 月 8 日

固定资产编号及名称	规格型号技术特征	单位	数量	原值	预计残值	已提折旧	净值	报废原因
发酵设备	02257	台	1	85 000.00		74 700.00	10 300.00	机械故障

审批人：王良　　　　财务主管：李明　　　　制表：王芳

3. 9 日，将已批准报废的发酵设备送往废旧物资回收公司，以现金支票支付运杂费 540 元，收到废旧物资回收公司开具的收购凭证和转账支票各一张，收购价格为 2 800 元。款项已入账。

原始凭证：运费发票、付款申请单、工行现金支票（存根）、收购凭单、银行进账单（工行）、固定资产报废批准单、增值税普通发票（记账联）

增值税普通发票

全国统一发票监制章 天津 国家税务总局监制

记账联

第二联

开票日期：2010 年 12 月 9 日　　　　No. 02254665

购货单位		密码区	
名称	天津市德意废品站		<071409+/8*5742/3590　加密版本号：01
纳税人识别号	12012108789457		51+/<30+42+/22<4/5/>1
地址、电话	天津市南开区红旗路 69 号 22485866		806<<5-129-9+0-91312　7846672632
开户行及账号	中国建设银行南开支行红旗路分理处 03201345675322		4/*6753>>2-8+859/>>40　5650642

货物及应税劳务名称	规格型号	单位	数量	单价	金额	税率	税额
旧设备		台	1	2 692.31	2 692.31	4%	107.69
						%	
						%	
						%	
合计					2 692.31	4%	107.69
价税合计（大写）	零仟零佰零拾零万贰仟捌佰零拾零元零角零分					（小写）	2 800.00

销货单位		备注
名称	天津市红星啤酒股份有限公司	
纳税人识别号	12011133557789	
地址、电话	天津市东丽区第六大道 108 号　60080066	
开户行及账号	中国工商银行东丽支行　168230028555	

第二联记账联销售方记账凭证

收款人：张平　　　　销货单位（盖章）

固定资产报废单

日期:2010 年 12 月 9 日

固定资产名称及编号	规格型号	单位	数量	预计使用年限	已使用年限	原始价值	已提折旧额	备　注
发酵设备	02257	台	1	5	4.5	85 000.00	74 700.00	
固定资产状况及报废原因	机械故障严重损坏,无法继续使用							

处理意见	使用部门	技术小组鉴定	固定资产管理部门	主管部门审批
	二车间	已无使用价值	同意报废	同意报废

企业负责人:刘奇　　管理部门负责人:洪国强
使用部门负责人:王山　　制单:吴放

付款申请单

2010 年 12 月 9 日　　No. 5268702797

付款部门:技术部	申请人:李亮
付款原因:支付设备运杂费	
付款方式:现金　现金支票 √　电汇　其他	
付款金额:人民币(大写):伍佰肆拾元整	小写:¥540.00
收款单位:天津快乐搬家公司	现金付讫
开户银行及账号:	

单位负责人:刘奇　财务经理:李明　部门负责人:洪强　审核:王芳　出纳:张平

中国工商银行
现金支票存根
B D 00025438
科目____________
对方科目________
出票日期 2010 年 12 月 9 日

收款人:刘国强
金 额:540
用 途:购货款

单位主管:李明　　会计:王芳

国统一发票监制章
市服务业统一发票
发票联
地方税务局监制

客户名称：红星啤酒股份有限公司　　2010 年 12 月 09 日　　No. 25519429

项目	计量单位	运输量	计费单价	金额								备注
				十	万	千	百	十	元	角	分	
运杂费						¥	5	4	0	0	0	
合计金额：零拾零万零仟伍佰肆拾零元零角零分						¥	5	4	0	0	0	

天津市乐搬家公司 发票专用章

主管：李明　　记账：赵红　　收款：林珊　　开票人：刘远

中国工商银行 转账支票（津）　$\frac{EH}{02}$ BB0032528

本支票付款期限十天

出票日期（大写）贰零壹零 年 壹拾贰 月 零玖 日　　付款行名称：工行西青支行曹庄分理处

收款人：天津市红星啤酒股份有限公司　　出票人账号：03346246782147

人民币（大写）	亿	千	百	十	万	千	百	十	元	角	分
贰仟捌佰元整					¥	2	8	0	0	0	0

用途　收购款

上述款项从
我账户内支付
出票人签章

770

张立明印

天津市德意废品站 财务专用章

银行进账单　（收账通知）3

2010 年 12 月 09 日

出票人	全称	天津市德意废品站	收款人	全称	天津市红星啤酒股份有限公司							
	账号	03201345675322		账号	168230028555							
	开户银行	中国建设银行南开支行红旗路分理处		开户银行	中国工商银行东丽支行							
金额	人民币（大写）贰仟捌佰元整		亿	千	百	十	万	千	百	十	元	角	分
							¥	2	8	0	0	0	0
票据种类	转账支票	票据张数	1 张									
票据号码	BB0032528											
复核	记账		收款人开户银行签章									

工行东丽支行 20101209 转讫

4. 月末，计提本月固定资产折旧，折旧方法采用年限平均法，各类固定资产预计净残值为4%，房屋按 20 年计提折旧，其他固定资产均按 5 年计提折旧。

原始凭证：固定资产折旧计算表

固定资产折旧计算表

2010 年 12 月 31 日　　单位：元

部门	固定资产类别	固定资产原值	月折旧率(%)	月折旧额
基本生产车间	房屋及建筑物	3 962 000	0.4	15 848
	机器设备	10 412 700	1.6	166 603.2
	运输设备	1 657 240	1.6	26 515.84
	其他	146 230	1.6	2 339.68
小　计		16 178 170		211 306.72
辅助生产车间	房屋及建筑物	2 536 000	0.4	10 144
	机器设备	3 754 900	1.6	60 078.4
	运输设备	974 560	1.6	15 592.96
	其他	42 170	1.6	674.72
小　计		7 307 630		86 490.08
管理部门	房屋及建筑物	8 667 800	0.4	34 671.2
	办公设备	4 557 300	1.6	72 916.8
	其他	314 900	1.6	5 038.4
小　计		13 540 000		112 626.4
总　计		37 025 800		410 423.2

复核人：王芳　　制表人：刘飞

5. 月末，摊销无形资产，无形资产的摊销年限为 5 年。

原始凭证：无形资产摊销表

无形资产摊销表

2010 年 12 月 31 日　　单位：元

项目	应摊销总额	当月摊销额	累计摊销额	摊销余额
商标权	215 000	3 583.33	57 333.33	157 666.67
其他	72 900	1 215	22 785	50 115
小计	287 900	4 798.33	80 118.33	207 781.67

复核人：王芳　　制表人：刘飞

三、模拟实训实施

(一)本章知识要点

1.基本概念及理论

(1)固定资产。固定资产,是指企业为生产商品、提供劳务、出租或经营管理持有的,使用寿命超过一个会计年度的有形资产。固定资产的取得包括外购、自行建造、投资者投入等。企业外购的固定资产,其入账价值包括买价、进口关税以及为使固定资产达到预定可使用状态前所发生的可直接归属于该资产的其他支出等。企业自行建造的固定资产,按建造该项固定资产达到预定可使用状态前所发生的必要支出作为入账价值。固定资产在使用过程中,应计提折旧,常用的固定资产折旧计算方法有年限平均法、工作量法、双倍余额递减法和年数总和法四种。

固定资产使用过程中发生的更新改造支出、修理费用等后续支出,符合固定资产确认条件的,应给予资本化,计入固定资产成本,不符合固定资产确认条件的,应给予费用化,在发生时计入当期管理费用或销售费用。每年年末,企业应对固定资产的账面价值进行检查。如果固定资产可收回金额低于其账面价值,应计提减值准备,确认减值损失。企业应定期对固定资产进行盘点清查,发现盘盈盘亏,及时做出处理。

(2)无形资产。无形资产是指企业拥有或者控制的没有实物形态的可辨认非货币性资产。无形资产按其取得来源,可分为外部取得的无形资产和内部开发的无形资产。无形资产按其使用寿命是否可确定,可分为使用寿命有限的无形资产和使用寿命不确定的无形资产。无形资产应当按照成本进行初始计量。由于无形资产没有实物形态,企业应根据各种无形资产的特点和来源,对发生的有关支出是否给予资本化,对无形资产入账价值作出判断。使用寿命有限的无形资产,应在其使用寿命内对其应摊销金额进行系统、合理的摊销,使用寿命不确定的无形资产在持有期间内不进行摊销,但应进行减值测试,对于发生的减值,确认无形资产减值损失并计提无形资产减值准备。

2.会计分录

(1)固定资产核算

①购入不需安装的固定资产

　　借:固定资产

　　　　应交税费——应交增值税(进项税额)

　　　贷:银行存款等

②购入需要安装的固定资产的核算

购入及发生安装费用时　　借:在建工程

　　　　　　　　　　　　　　　应交税费——应交增值税(进项税额)

　　　　　　　　　　　　　　贷:银行存款、应付工资、原材料等

安装完毕交付使用时　　　借:固定资产

　　　　　　　　　　　　　　贷:在建工程

③自行建造固定资产的核算

工程领用物资或原材料或发生的其他支出

借:在建工程

贷:工程物资、原材料、应付职工薪酬、生产成本等

工程完工 借:固定资产

贷:在建工程

④固定资产计提折旧的核算

发生时 借:制造费用(生产用固定资产折旧)

管理费用(行政管理部门固定资产折旧)

销售费用(销售部门固定资产折旧)

其他业务成本(经营租赁租出固定资产折旧)

贷:累计折旧

⑤资本化后续支出的核算

转入改扩建时 借:在建工程

累计折旧

贷:固定资产

发生后续支出 借:在建工程

贷:工程物资

银行存款等

达到可使用状态 借:固定资产

贷:在建工程

⑥费用化后续支出的核算

发生时 借:管理费用、销售费用

贷:银行存款等

⑦固定资产清理的核算

转入清理(因出售、报废、毁损) 借:固定资产清理

累计折旧(已提折旧)

固定资产减值准备(已计提的减值准备)

贷:固定资产(账面原价)

发生清理费用 借:固定资产清理

贷:银行存款等

出售收入和残料等的处理 借:银行存款、原材料等

贷:固定资产清理

保险公司或过失人赔偿的处理 借:其他应收款

贷:固定资产清理

清理净损益的处理

净收益 借:固定资产清理

贷:营业外收入——处置固定资产净收益(生产经营期)

净损失　　借:营业外支出——处置固定资产净收益(生产经营期正常损失)
　　营业外支出——非常损失(生产经营期非正常损失)
　　贷:固定资产清理

⑧固定资产盘盈

发现盘盈时　　借:固定资产
　　贷:以前年度损益调整

确定应交所得税　　借:以前年度损益调整
　　贷:应交税费——应交所得税

结转　　借:以前年度损益调整
　　贷:盈余公积——法定盈余公积(按计提的比例)
　　　　利润分配——未分配利润

⑨固定资产盘亏

发现盘亏时　　借:待处理财产损溢
　　累计折旧
　　贷:固定资产

报批后　　借:其他应收款(可收回的保险赔偿或过失人赔偿)
　　营业外支出
　　贷:待处理财产损溢

⑩固定资产减值的核算

计提时　　借:资产减值损失(按照减值的金额)
　　贷:固定资产减值准备

(2)无形资产核算

①购入无形资产

发生时　　借:无形资产
　　贷:银行存款

②自行研究开发无形资产

发生支出时　　借:研发支出——费用化支出(不符合资本化条件的支出)
　　研发支出——资本化支出(符合资本化条件的支出)
　　贷:原材料、银行存款等

期末　　借:管理费用
　　贷:研发支出——费用化支出

研究开发项目达到预定用途时　借:无形资产
　　贷:研发支出——资本化支出

③无形资产摊销

发生时　　借:制造费用、管理费用、其他业务成本(出租)
　　贷:累计摊销

④无形资产减值

发生时　　借:资产减值损失——计提的无形资产减值准备
　　贷:无形资产减值准备

⑤无形资产的处置

转让无形资产所有权(出售)　借:银行存款等(实际取得的转让收入)
无形资产减值准备
累计摊销
贷:无形资产
应交税费——应交营业税(应支付的相关税费)
营业外收入——处置非流动资产利得(转让收入)
或借记营业外支出——处置非流动资产损失(转让损失)

转让无形资产使用权(出租)
收到租金收入　借:银行存款等
贷:其他业务收入
发生费用支出或摊销时　借:其他业务成本
贷:银行存款、累计摊销、应交税费等

3.实务操作

(1)固定资产取得和销售时增值税的处理。增值税一般纳税人购进(包括接受捐赠、实物投资)或者自制(包括改扩建、安装)固定资产发生的进项税额,可根据《增值税暂行条例》和《增值税暂行条例实施细则》的有关规定,凭增值税专用发票、海关进口增值税专用缴款书和运输费用结算单据从销项税额中抵扣,其进项税额应当记入“应交税金—应交增值税(进项税额)”科目。增值税一般纳税人购买属于扣税范围的货车等机动车辆,必须取得税控系统开具的带有税控码的机动车销售统一发票,同时注意应自该发票开具之日起 90 日内到税务机关认证,认证通过方可按增值税专用发票作为增值税进项税额的扣税凭证。

以下三类固定资产取得过程中的增值税不能抵扣,应计入固定资产成本。一是用于非应税项目、免税项目等的机器设备进项税额不得抵扣;二是不动产在建工程不允许抵扣进项税额;三是纳税人应征消费税的自用消费品,如游艇、汽车和摩托车。

纳税人销售自己使用过的固定资产,应区分不同情形征收增值税。对于销售自己使用过的 2009 年 1 月 1 日以后购进或者自制的固定资产,按照适用税率征收增值税;对于 2008 年 12 月 31 日以前未纳入扩大增值税抵扣范围试点的纳税人,销售自己使用过的 2008 年 12 月 31 日以前购进或者自制的固定资产,按照 4%征收率减半征收增值税。

(2)固定资产卡片。指登记固定资产各种资料的卡片,是固定资产进行明细分类核算的一种账簿形式。它是每一项固定资产的全部档案记录,即固定资产从进入企业开始到退出企业的整个生命周期所发生的全部情况,都要在卡片上予以记载。固定资产卡片上的栏目有:类别、编号、名称、规格、型号、建造单位、年月、投产日期、原始价值、预计使用年限、折旧率、存放地点、使用单位、大修理日期和金额,以及停用、出售、转移、报废清理等内容。

(二)实训重点及难点内容

(1)固定资产、无形资产的确认及分类。

(2)固定资产折旧的计算。

(3)固定资产取得、折旧、后续支出、期末计价、处置、清查的会计处理。

(4)自行开发研究的无形资产的会计处理。

(5)无形资产摊销、期末计价的会计处理。

(三)实训具体实施方法

1.教学内容分析

(1)固定资产。固定资产是整个中级财务会计课程中比较重要、难度不大的一章。

容易理解的理论知识有固定资产的概念、分类、特点,固定资产的期末计价,较难理解的理论知识包括固定资产初始成本的构成、不同折旧方法的计算,难以理解的理论知识包括固定资产不同折旧方法对企业的影响、固定资产后续支出资本化和费用化处理的区别。

会计处理比较简单的业务包括固定资产取得、后续支出、期末计价的会计处理。会计处理较难的业务包括固定资产折旧的会计处理、固定资产处置、固定资产盘亏的会计处理。会计处理很难的业务包括固定资产盘盈的会计处理。

实务操作的内容中,固定资产增值税的抵扣对于学生来说具有一定的难度。

企业如何进行固定资产的管理,属于企业财务管理中的重要内容,引导学生去搜集相应的案例和资料进行分析,培养学生财务管理的意识。

(2)无形资产。无形资产是整个中级财务会计课程中内容较少、比较容易的一章。

容易理解的理论知识有无形资产的概念及分类、无形资产的摊销及期末计价,较难理解的理论知识包括自行研发无形资产资本化和费用化的区别及对企业的影响。

会计处理比较简单的业务包括无形资产取得、摊销、期末计价的会计处理。会计处理较难的业务包括自行研发无形资产的会计处理。

企业如何对自有的无形资产进行管理,属于企业财务管理中的重要内容,引导学生去搜集相应的案例和资料进行分析,培养学生财务管理的意识。

2.课时分配与安排

固定资产一章的计划课时为8课时,其中理论课8课时,在理论课中穿插进行部分习题练习,模拟实验在课后以作业的形式进行。该章内容多但难度不大,学生通过预习和老师的讲解后基本能够掌握重点内容。以作业的形式进行模拟实验,锻炼学生独立运用所学理论知识进行账务处理的能力。

无形资产一章的计划课时为2课时,其中理论课2课时,在理论课中穿插进行部分习题练习,模拟实验在课后以作业的形式进行。该章内容少、比较容易理解,以作业的形式进行模拟实验,锻炼学生独立运用所学理论知识进行账务处理的能力。

3.实训流程

(1)课前预习。教师在课前强调预习要求和要点,布置预习思考题,让学生通过自学完成预习思考题,掌握本章容易理解的理论知识和比较简单的业务的会计处理,熟悉较难理解的理论知识和会计处理较难的业务的会计处理,了解难以理解的理论知识。

(2)课中实训。课中实训是在理论课讲述中做适量的课中练习,巩固理论课上的所学的知识。

(3)课后复习及模拟实验。模拟实验可以按以下步骤进行：

①根据本章模拟实验的资料进行原始凭证的辨认与审核，编制记账凭证；

②审核固定资产计提折旧、无形资产摊销的金额，编制记账凭证；

③给记账凭证编号并登记日记账及明细账；

④做课后复习题。

第八章　负债模拟实训设计与实施

一、实训目标和要求

(一)实训目标

通过实训使学生了解负债的含义、特征和分类；熟悉应付股利、应付利息、其他应付款、长期应付款的核算，应交税费的内容和计算；掌握短期借款、应付票据、应付账款和预收账款、长期借款会计处理；重点掌握应付职工薪酬的内容与核算、应交增值税、应交消费税、应交营业税、应交所得税的会计处理。

(二)实训要求

(1)预习负债一章的内容，完成预习思考题。

(2)进行模拟实验时，仔细分析审核原始凭证，根据原始凭证判断经济业务内容，按理论课上讲述的内容进行会计处理。

(3)课后复习，完成布置的习题。

二、模拟实训内容设计

(一)习题训练

预习思考题

(1)一般纳税人应交增值税如何计算？

(2)应付职工薪酬包含哪些内容？

(3)目前企业应缴纳的税费有哪些？

(4)实际工作中，增值税的纳税人分为哪两类？认定的标准是什么？

(5)应缴纳营业税的行业和业务有哪些？

(6)消费税的计算有哪两种方法？

(7)应付债券溢、折价产生的原因和性质是什么？会计上如何进行会计处理？

(8)长期借款与应付债券有何不同？

课内练习

一、单项选择题

①资产负债表日计提带息应付票据的利息时，贷记的会计科目是(　)。

A. 应付票据　　B. 应付利息　　C. 应计利息　　D. 财务费用

②某企业为增值税一般纳税人，2010 年实际已缴纳税费情况如下：增值税 850 万元，消费税 150 万元，城市维护建设税 70 万元，车船使用税 0.5 万元，印花税 1.5 万元，所得税 120 万元。上述各项税金应计入"应交税费"科目借方的金额是（ ）万元。

A. 1 190　　B. 1 190.5　　C. 1 191.5　　D. 1 192

③企业从应付职工薪酬中扣除的个人所得税，贷记的会计科目是（ ）。

A. 其他应收款　　B. 应交税费——应交个人所得税

C. 应付职工薪酬　　D. 其他应付款

④企业因在建工程所负担的职工薪酬，应计入（ ）。

A. 在建工程　　B. 当期损益

C. 产品成本　　D. 当期资本公积

⑤企业发生下列税金，不应计入管理费用的是（ ）。

A. 房产税　　B. 土地增值税　　C. 土地使用税　　D. 车船税

⑥乙公司 2009 年 1 月 1 日溢价发行 5 年期一次还本的公司债券。该债券的实际发行价格为 1 090 万元（不考虑发行费用），债券面值总额为 1 000 万元，票面利率为 6%，实际利率为 4%。该债券于每年 12 月 31 日支付利息。2009 年 12 月 31 日应付债券的摊余成本为（ ）。

A. 1 000 万元　　B. 1 106.4 万元　　C. 1 073.6 万元　　D. 1 090 万元

二、多项选择题

①下列增值税应直接计入有关资产成本的有（ ）。

A. 一般纳税企业委托加工物资支付的增值税

B. 一般纳税企业接受劳务支付的增值税

C. 一般纳税企业购买原材料支付的增值税

D. 一般纳税企业购买商品用于职工福利支付的增值税

E. 小规模纳税企业购买固定资产支付的增值税

②下列各项中，应确认为应付职工薪酬的有（ ）。

A. 非货币性福利　　B. 社会保险费和辞退福利

C. 职工工资、福利费　　D. 工会经费和职工教育经费

③"应交税费"科目核算企业按照税法规定计算应缴纳的各种税费包括（ ）。

A. 教育费附加　　B. 矿产资源补偿费

C. 耕地占用税　　D. 企业代扣代缴的个人所得税

E. 印花税

④长期借款利息可能借记的科目有（ ）。

A. 在建工程　　B. 财务费用　　C. 长期待摊费用

D. 管理费用　　E. 生产成本

⑤计算"应付债券"科目的账面价值应考虑（ ）。

A. 发行债券的面值　　B. 发行债券的溢价或折价

C. 发行债券的票面利率　　D. 应计债券的利息

三、判断题

①带有现金折扣的应付账款，其入账金额应按发票记载应付金额的总金额扣除现金折扣

后的净额记账。(　)

②企业当期应交增值税的金额即当期销项税额减去进项税额的差额。(　)

③企业董事会或类似机构通过的利润分配方案中拟分配的现金股利或利润，借记“利润分配”科目，贷记“应付股利”科目。(　)

④企业采用实际利率法对应付债券溢价进行摊销时，应付债券摊余成本逐期减少，应负担的利息费用也随之逐期减少。(　)

⑤资产负债表日应付债券按摊余成本和实际利率计算确定的债券利息费用，按面值和票面利率计算确定的应付未付利息。(　)

四、计算题及业务处理

①资料：A 公司 2010 年 5 月 10 日发放职工工资，代扣职工个人应交的养老保险 8 000 元，医疗保险 2 000 元，个人所得税 5 000 元，实发工资 585 000 元。月份终了，分配应付的工资费用，其中生产工人工资 350 000 元，车间管理人员工资 85 000 元，厂部管理人员工资 55 000 元，在建工程人员工资 110 000 元。

要求：根据上述经济业务，进行工资发放和计提的会计处理。

②资料：A 公司 2010 年 3 月 1 日从银行借入短期借款 2 000 000 元，年利率为 6%，借款期限为 3 个月，到期一次还清本息。该企业短期借款利息费用采用按月预提的方法核算。

要求：根据上述经济业务，进行相关的会计处理.

③资料：某企业 2010 年 5 月份发生下列经济业务。

从银行借入短期借款 600 000 元已存入银行；

预收客户购货款 100 000 元；

分配本月应付职工薪酬 300 000 元，其中生产工人薪酬 200 000 元，车间管理人员薪酬 60 000 元，厂部管理人员薪酬 40 000 元；

本月应提取职工福利费 42 000 元，其中：生产工人福利费 28 000 元，车间管理人员福利费 8 400 元，厂部管理人员福利费 5 600 元；

计提本月应交消费税 250 000 元；

要求：根据上述经济业务，编制会计分录。

④资料：某企业 2006 年 1 月 1 日按面值发行 3 年期的面值总额为 8 000 000 元债券，票面利率为 10%，发行的债券款已收到并存入银行。该企业按年计提债券利息并支付，发行的债券款用于工程项目，并于 2007 年 1 月 1 日完工。债券于 2008 年 12 月 31 日还本付息。

要求：编制有关会计分录。

课后复习

一、单项选择题

①下列各项中，会导致负债总额发生变化的是(　)。

A. 预付购货款　　B. 赊购原材料

C. 接受现金投资　　D. 用盈余公积转增资本

②甲公司为小规模纳税人，2011 年 3 月 5 日从一般纳税人乙公司处购入一批产品，增值税专用发票上注明的售价为 20 万元，增值税为 3.4 万元。甲公司应该确认的“库存商品”金额为(　)万元。

A. 20　　B. 23.4　　C. 20.6　　D. 16.6

③企业在生产经营期间的资产负债表日，按合同利率计算的短期借款利息费用应（ ）。

A. 借：财务费用
　　贷：短期借款

B. 借：财务费用
　　贷：其他应付款

C. 借：财务费用
　　贷：应付利息

D. 借：短期借款
　　贷：应付利息

④下列各项职工薪酬中，应该直接在“管理费用”中列支的是（ ）。

A. 生产人员的薪酬　　B. 行政人员的薪酬

C. 车间管理人员的薪酬　　D. 研发人员的薪酬

⑤企业出售固定资产应交的营业税，应借记的会计科目是（ ）。

A. 营业税金及附加　　B. 固定资产清理

C. 营业外支出　　D. 其他业务成本

二、多项选择题

①下列各项中属于负债的基本特征的有（ ）。

A. 负债是企业承担的现时义务

B. 负债预期会导致经济利益流出企业

C. 负债是由企业过去的交易或事项形成的

D. 未来流出的经济利益的金额能够可靠计量

②下列资产负债表各项目中，属于流动负债的有（ ）。

A. 预收款项　　B. 其他应付款

C. 预付款项　　D. 一年内到期的非流动负债

③企业按规定计算应交的（ ），借记“营业税金及附加”等科目，贷记“应交税费”科目。

A. 消费税　　B. 应交土地增值税

C. 城市维护建设税　　D. 应交的教育费附加

④下列各项中，可能会引起资产负债表中负债金额增加的有（ ）。

A. 计提坏账准备　　B. 计提带息应付票据利息

C. 计提应付债券利息　　D. 股东大会宣告分派现金股利

⑤下列各项中，一般纳税人可以确认当期进项税额的有（ ）。

A. 从销售方取得的增值税专用发票上注明的增值税额

B. 从海关取得的完税凭证上注明的增值税额

C. 购进免税农产品准予抵扣的进项税额

D. 企业外购货物时支付的运费并取得运输发票

三、判断题

①企业的短期借款利息均应在实际支付时计入当期财务费用。（ ）

②一般纳税人购入物资支付的增值税，应通过“应交税费——应交增值税（进项税额）”科目进行核算，但如果购入时即能认定其进项税额不能抵扣的，应直接计入所购物资的成本。（ ）

③“应付票据”只能用于核算企业购买材料、商品和接受劳务供应等而开出的银行承兑汇票。（ ）

④预收账款虽然与应付账款均属于负债项目，但与应付账款不同，它通常不需要以货币偿付。(　)

⑤企业因解除与职工的劳务关系而给予的补偿应该通过“应付职工薪酬”科目核算。(　)

四、计算题及业务处理

(1)资料：A 公司为一般纳税人，原材料按实际成本计算，销售货物的增值税税率为 17%，应交消费税税率为 10%，营业税税率为 5%，公司销售商品的价格中均不含应向购买者收取的增值税销项税款。2010 年 5 月发生如下经济业务：

①向 B 公司采购甲种材料，增值税专用发票上注明的增值税为 153 000 元，货款为 900 000 元，发票账单已经到达，货物已验收入库，货款已经支付。

②销售乙产品 5 000 件，单位售价为 200 元，单位销售成本为 150 元。该产品需缴纳消费税，货款尚未收到。

③收购农副产品，实际支付的价款为 80 000 元，农副产品已验收入库。

④委托 D 公司加工原材料，原材料成本 100 000 元，加工费用 25 000 元，增值税 4 250 元，由受托单位代收代缴消费税 2 500 元。材料加工完毕验收入库，准备直接对外销售。加工费用、增值税、消费税已用银行存款支付。

⑤转让一仓库，原价 800 000 元，已提折旧 160 000 元，出售所得收入为 700 000 元，费用支出 5 000 元。收支均通过银行存款收付。

⑥月底对原材料进行盘点，发现乙产品盘亏，金额为 4 000 元，盘亏原因系管理不善。

要求：根据上述经济业务，进行相关的会计处理。

(2)资料：甲公司 2010 年发生下列业务：

①分配本月应付工资 54 000 元。其中：生产 A 产品工人工资为 20 000 元，生产 B 产品工人工资为 16 000 元，车间管理人员工资为 6 000 元，厂部管理人员工资为 8 000 元，销售网点人员工资为 4 000 元。

②按以上工资总额的 20%计提养老保险费。

③开出支票发放员工工资，其中代扣职工个人应缴纳的养老保险费 4 800 元，个人所得税 1 200 元。

④用银行存款缴纳养老保险费 15 600 元。

要求：根据上述资料编制会计分录。

(3)资料：甲公司 2010 年 12 月份发生如下经济业务：

①3 日，购入甲材料 3 000 千克，增值税专用发票上注明的价款为 5 万元，增值税为 8 500 元，甲材料已经到达并验收入库，款项尚未支付。

②5 日，购入免税农产品一批，实际支付的价款为 25 000 元，农产品已验收入库，进项税额按买价的 13%计算。

③8 日，从小规模纳税企业购入乙材料，收到销货方开具的普通发票，发票上注明的货款为 10 600 元，以银行汇票付讫。

④15 日，收回上月委托 A 企业加工的原材料，上月发出原材料的实际成本为 52 000 元，发生的加工费用为 18 000 元，由委托方代收代缴的消费税 7 700 元。收回的加工材料用于本企业连续生产应交消费税的产品。加工费用及税款尚未支付，材料收回入库。

⑤21 日，在建工程(建仓库)领用自产产品，实际成本为 8 万元，售价为 10 万元，增值税率

为 17%。

⑥25 日，出售 2006 年购入的大众轿车一辆，原值 20 万元，已提折旧 15 万元，出售取得价款 6 万元，存入银行。增值税税率为 4%，按规定减半征收，并结转固定资产处置损益。

⑦26 日，企业转让专利权一项，账面原价为 20 万元，累计摊销 5 万元，转让所得价款为 18 万元，款已收存银行，营业税率为 5%。

⑧28 日，出售产品一批，价款为 3 万元，增值税为 5 100 元，收到对方开具的银行汇票一张，填制进账单送存银行。

⑨31 日，计提本月应交增值税和营业税。根据本月实际缴纳的增值税和营业税的 7%和 3%，计提本月应交城市维护建设税和教育费附加。

要求：根据上述经济业务编制会计分录。

(二)模拟实验

1. 4 日,销售部给北京华明食品公司销售 9 度清爽啤酒 25 000 箱,不含税价款 40 元/箱,10 度淡爽啤酒 20 000 箱,不含税价款 50 元/箱,企业已开出增值税专用发票,发票上注明价款 2 000 000 元,增值税 340 000 元,北京华明食品公司已预付 1 660 000 元。

原始凭证:产品出库单、增值税专用发票(记账联)

产品出库单

2010 年 12 月 04 日　　　　No. 533131

购货单位	产品名称及型号	单位	数量	备注
北京华明食品公司	9 度清爽啤酒	箱	25 000	
	10 度淡爽啤酒	箱	20 000	

仓库负责人:孙宁　　　　经办人:钱星　　　　提货人:万伟

全国统一发票监制章 国家税务总局监制

增值税专用发票

记账联

开票日期:2010 年 12 月 04 日　　　　No. 02154631

<table>
<tr><td rowspan="4">购货单位</td><td>名称</td><td colspan="5">北京华明食品有限公司</td><td rowspan="4">密码区</td><td colspan="2" rowspan="4"><071409+/8*5742/3590　加密版本号:01
51+/<30+42+/22<4/5/>1
806<<5−129−9+0−91312　7846672632
4/*6753>>2−8+859/>>40　5650642</td></tr>
<tr><td>纳税人识别号</td><td colspan="5">110102798700543</td></tr>
<tr><td>地址、电话</td><td colspan="5">北京市海淀区临江路 22 号 22346785</td></tr>
<tr><td>开户行及账号</td><td colspan="5">中国建设银行海淀支行临江分理处 120108193203126</td></tr>
<tr><td colspan="2">货物及应税劳务名称</td><td>规格型号</td><td>单位</td><td>数量</td><td>单价</td><td colspan="2">金额</td><td>税率</td><td>税额</td></tr>
<tr><td colspan="2">9 度清爽啤酒</td><td></td><td>箱</td><td>25 000</td><td>40.00</td><td colspan="2">1 000 000.00</td><td>17%</td><td>170 000.00</td></tr>
<tr><td colspan="2">10 度淡爽啤酒</td><td></td><td>箱</td><td>20 000</td><td>50.00</td><td colspan="2">1 000 000.00</td><td>17%</td><td>170 000.00</td></tr>
<tr><td colspan="2"></td><td></td><td></td><td></td><td></td><td colspan="2"></td><td>%</td><td></td></tr>
<tr><td colspan="2"></td><td></td><td></td><td></td><td></td><td colspan="2"></td><td>%</td><td></td></tr>
<tr><td colspan="2">合计</td><td></td><td></td><td></td><td></td><td colspan="2">2 000 000.00</td><td>%</td><td>340 000.00</td></tr>
<tr><td colspan="2">价税合计(大写)</td><td colspan="6">零 仟 贰 佰 叁 拾 肆 万 零 仟 零 佰 零 拾 零 元 零 角 零 分</td><td>(小写)</td><td>2 340 000.00</td></tr>
<tr><td rowspan="4">销货单位</td><td>名称</td><td colspan="5">天津市红星啤酒股份有限公司</td><td rowspan="4">备注</td><td colspan="2" rowspan="4"></td></tr>
<tr><td>纳税人识别号</td><td colspan="5">12011133557789</td></tr>
<tr><td>地址、电话</td><td colspan="5">天津市东丽区第六大道 108 号　60080066</td></tr>
<tr><td>开户行及账号</td><td colspan="5">中国工商银行东丽支行　168230028555</td></tr>
</table>

第三联记账联销售方记账凭证

收款人:张平　　　　销货单位(盖章)

2. 9日，从工商银行东丽支行申请银行承兑汇票一张，期限2个月，金额920 000元，用于支付所欠北京元海啤酒用品公司账款，银行收取手续费460元。

原始凭证：付款申请单、银行承兑汇票（存根）、银行手续费收取单据

付款申请单

2010年12月09日　　No. 5268702787

付款部门：采购部	申请人：刘云
付款原因：支付购买原材料欠款	
付款方式：现金　转账支票　电汇　其他√	
付款金额：人民币（大写）玖拾贰万元整　小写￥920 000.00	
收款单位：北京元海啤酒用品公司	
开户银行及账号：北京中国银行昌平支行 0106270884	

单位负责人：刘奇　财务经理：李明　部门负责人：洪强　审核：王芳　出纳：张平

银行承兑汇票（存根）　4

签发日期：贰零壹零年 壹拾贰月 零玖日　　No. 33974097

<table>
<tr><td rowspan="3">收款人</td><td>全称</td><td colspan="3">北京元海啤酒用品公司</td><td rowspan="3">承兑申请人</td><td>全称</td><td colspan="3">天津市红星啤酒股份有限公司</td></tr>
<tr><td>账号</td><td colspan="3">0106270884</td><td>账号</td><td colspan="3">168230028555</td></tr>
<tr><td>开户银行</td><td>中行昌平支行</td><td>行号</td><td>2104</td><td>开户银行</td><td>工行东丽支行</td><td>行号</td><td>2530</td></tr>
<tr><td colspan="2" rowspan="2">汇票金额
（人民币）</td><td colspan="5" rowspan="2">（大写）零仟零佰玖拾贰万零仟零佰零拾零元零角零分</td><td colspan="3">千 百 十 万 千 百 十 元 角 分</td></tr>
<tr><td colspan="3">　 ￥ 9 2 0 0 0 0 0 0</td></tr>
<tr><td colspan="2">汇票到期日</td><td colspan="8">贰零壹壹年零贰月零玖日</td></tr>
<tr><td colspan="5" rowspan="2">备注：</td><td colspan="2">承兑协议编号</td><td>005</td><td>交易合同号码</td><td>017</td></tr>
<tr><td colspan="5">负责　　经办</td></tr>
</table>

工商银行 业务专用章

此联签发人存查

银行业务收费凭证

日期：2010 年 12 月 09 日

户名	天津市红星啤酒有限公司	付款账号	168230028555
费用项目	金额	币种：人民币	
工本费		银行盖章	工行东丽支行 20101209 模拟 转讫
手续费	460.00		
其他			
合计金额	(小写)：¥460.00	(大写)：肆佰陆拾元整	

3. 9 日，企业缴纳上月应交未交的增值税 734 000 元，消费税 498 500 元，城市维护建设税 86 275 元，教育费附加 36 975 元，企业所得税 103 000 元，代交上月已代扣的个人所得税 14 440.98 元。

原始凭证：国税税收通用缴款书、地税税收通用缴款书

中华人民共和国
税收通用缴款单

地

地缴

隶属关系　　　　0387 号

注册类型：股份有限公司　填发日期：2010 年 12 月 09 日　征收机关：天津市东丽地方税务局

无银行收讫章无效

缴款单位(人)		预算科目	
代码	1012468	编码	1020201
全称	天津市红星啤酒股份有限公司	名称	个人所得税、企业所得税等
开户银行	中国工商银行东丽支行	级次	
账号	168230028555	收缴国库	东丽支库(代理)

税款所属时刻 2010 年 11 月 01 日 — 2010 年 11 月 30 日　税款限缴日期 2010 年 12 月 15 日

品目名称	课税数量	计税金额或销售收入	税率或单位税额	已交或扣除额	实交税额 千	百	十	万	千	百	十	元	角	分
教育费附加		1 232 500.00	3%				¥	3	6	9	7	5	0	0
城建税		1 232 500.00	7%				¥	8	6	2	7	5	0	0
个人所得税							¥	1	4	4	4	0	9	8
企业所得税			25%			¥	1	0	3	0	0	0	0	0
金额合计	(大写)贰拾肆万零陆佰玖拾元玖角捌分					¥	2	4	0	6	9	0	9	8

缴款单位(人) (盖章) 经办人(章)	税务机关 (盖章) 经办人(章)	上列款项已收妥并划转收款单位账户 国库(银行)盖章　2010 年 12 月 09 日	备注

逾期不缴按税法规定加收滞纳金

第一联收据国库银行收款盖章后退缴款单位人作完税凭证

中华人民共和国
税收通用缴款单

No. 002425　　（国）

(20105)津国缴

隶属关系

注册类型:股份有限公司　填发日期:2010 年 12 月 09 日　征收机关:天津市东丽国家税务局

缴款单位(人)	代码	1010118	预算科目	编码	1010103
	全称	天津市红星啤酒股份有限公司		名称	增值税、消费税
	开户银行	中国工商银行东丽支行		级次	中央 75%,省市 12.5%,地方 12.5%
	账号	168230028555	收缴国库		东丽支库

税款所属时刻	2010	年	11	月	01	日	—	2010	年	11	月	30	日	税款限缴日期	2010	年	12	月	15	日

品目名称	课税数量	计税金额或销售收入	税率或单位税额	已交或扣除额	实交税额									
					千	百	十	万	千	百	十	元	角	分
增值税		24 655 000	17%	23 921 000		¥	7	3	4	0	0	0	0	0
消费税		1 994 吨	250 元/吨			¥	4	9	8	5	0	0	0	0
金额合计	(大写)壹佰贰拾叁万贰仟伍佰元整					¥	1	2	3	2	5	0	0	0

缴款单位(人)	税务机关	上列款项已收妥并划转收款单位账户	备注
(盖章)	(盖章)		
经办人(章)	经办人(章)	国库(银行)盖章　2010 年 12 月 09 日	

逾期不缴按税法规定加收滞纳金

第一联　收据　国库银行收款盖章后退缴款单位人作完税凭证

4. 10 日,根据工资结算单,企业开出转账支票,将 11 月份职工工资通过开户银行转入企业职工工资账户。

原始凭证:付款申请单、工商银行转账支票存根,工资结算单

中国工商银行

转账支票存根

B B 00049525

科目__________

对方科目______

出票日期 2010 年 12 月 10 日

收款人:天津红星啤酒股份有限公司
金　额:320 519.02
用　途:发放工资

单位主管:李明 会计:王芳

付款申请单

2010 年 12 月 10 日　　No. 5268702791

付款部门:财务部	申请人:刘飞
付款原因:发放员工工资	
付款方式:现金　　转账支票 √　　电汇　　其他	
付款金额:人民币(大写)叁拾贰万零伍佰壹拾玖元零贰分　　小写￥320519.02	
收款单位:天津市红星啤酒股份有限公司工资专户　　银行付讫	
开户银行及账号:工商银行东丽支行 168230029321	

单位负责人:刘奇　　财务经理:李明　　部门负责人:洪强　　审核:王芳　　出纳:张平

工资结算单

2010 年 12 月 10 日　　单位:元

序号	姓名	应发工资				代扣款项						实发金额
		基本工资	岗位津贴	奖金	小计	养老保险	医疗保险	失业保险	住房公积金	个人所得税	小计	
1	林伟	2500	300	200	3 000	240	60	30	300	18.5	648.5	2 351.5
2	刘红	2 800	200	200	3 200	256	64	32	320	27.8	699.8	2 500.2
3	郝雷	1 800	200	150	2 150	172	43	21.5	215		451.5	1 698.5
	⋮	⋮	⋮	⋮	⋮	⋮	⋮	⋮	⋮	⋮	⋮	⋮
合计		372 000	22 000	30 000	424 000	33 920	8 480	4 240	42 400	14 440.98	103 480.98	320 519.02

审批:刘奇　　财务主管:李明　　制单:林英

5. 11 日,缴纳 11 月企业及职工负担的社会保险和住房公积金。

原始凭证:职工社会保险和住房公积金表、住房公积金汇缴书、天津市社会保险基金专用收据、社会保险委托收款凭证(付款通知)

职工社会保险和住房公积金表

2010 年 11 月　　　　单位:元

项目	企业负担	个人负担	合计
养老保险	84 800	33 920	118 720
医疗保险	42 400	8 480	50 880
失业保险	8 480	4 240	12 720
生育保险	3 392		3 392
工伤保险	848		848
住房公积金	42 400	42 400	84 800
小计	182 320	89 040	271 360

天津市社会保险基金专用收据

2010 年 12 月 11 日

单位名称:天津市红星啤酒股份有限公司　　　　单位代码:762256

<table>
<tr><td colspan="4">当月社会保险明细
养老:118 720.00　　医疗:50 880.00　　失业:12 720.00
生育:3 392.00　　工伤:848.00</td></tr>
<tr><td colspan="4">补(预)缴社会保险明细</td></tr>
<tr><td>付款人账号/现金/支票/ POS</td><td>168230028555</td><td>票据打印时间</td><td>201012111125</td></tr>
<tr><td>社保流水</td><td>2010121123658</td><td>银行流水</td><td>18526</td></tr>
<tr><td rowspan="2">金额</td><td>人民币(小写)</td><td colspan="2">￥186 560.00</td></tr>
<tr><td>人民币(大写)</td><td colspan="2">壹拾捌万陆仟伍佰陆拾元整</td></tr>
</table>

收款单位(盖章):　　　　收款人:李庆升

天津市公积金汇缴书

2010 年 12 月 11 日　　　　附清册　张

单位名称	天津市红星啤酒股份有限公司					汇缴 2010 年 11 月份									
公积金账号	20511624079					补缴　人数　人									
缴交金额（大写）	零仟零佰零拾捌万肆仟捌佰零拾零元零角零分					千	百	十	万	千	百	十	元	角	分
								¥	8	4	8	0	0	0	0

上月汇缴		本月增加汇缴		本月减少汇缴		本月汇缴	
人数	金额	人数	金额	人数	金额	人数	金额
230	84 800.00					230	84 800.00
付款行		付款账号		支票号码		银行盖章	
工商银行东丽支行		168230028555		0049526		年　月　日	

第一联：银行盖章后交单位记账

委托收款凭证（付款通知）　5

委托日期：2010 年 12 月 11 日　　委托号码：6598762

付款人	全称	天津市社会保险基金管理中心	付款人	全称	天津市红星啤酒股份有限公司
	账号	202256114892233		账号	168230028555
	开户银行	工行天津市分行		开户银行	工行东丽支行

人民币（大写）：壹拾捌万陆仟伍佰陆拾元整	百	十	万	千	百	十	元	角	分
	¥	1	8	6	5	6	0	0	0

款项内容	社保基金	委托收款凭据名称	收据	附寄单证数	1 张
备注	付款单位注意： 1. 根据结算方式规定，上列委托收款，在付款期限内未拒付时，即视同全部同意付款，以此联代支款通知。 2. 如需提前付款或多付少付款时，应另写书面通知送银行办理。 3. 如系全部或部分拒付，应在付款期限内另填拒绝付款理由书送银行办理。 收款人开户行盖章				

单位主管：杨博　　会计：蒋华　　复核：黄兰　　记账：蒋华

6. 11 日，销售部赵玫报销培训费 10 200 元，开出转账支票支付。

原始凭证：付款申请单、培训发票、转账支票存根

付款申请单

2010 年 12 月 11 日　　No. 5268702799

付款部门:销售部	申请人:赵玫
付款原因:付培训费	
付款方式:现金　　转账支票 √　　电汇　　其他	
付款金额:人民币(大写):壹万零贰佰元整	小写:￥10 200.00
收款单位:一阳培训天津分公司	银行付讫
开户银行及账号:招商银行天津南门外大街支行 622326861556167	

单位负责人:刘奇　财务经理:李明　部门负责人:洪强　审核:王芳　出纳:张平

天津市服务业统一发票

(全国统一发票监制章 地方税务局监制)

No. 25519429

客户名称:红星啤酒股份有限公司　地址:东丽区第六大道 108 号　日期:2010 年 12 月 18 日

项 目	单 位	数 量	单 价	金额							
				十	万	千	百	十	元	角	分
培训费				￥	1	0	2	0	0	0	0
合计人民币大写	壹万零贰佰元整			￥	1	0	2	0	0	0	0
备注											

②发票联

(一阳培训天津分公司 发票专用章)

发票专用章(未盖章无效):　开票人:张元　收款人:

中国工商银行
转账支票存根
B B 00049531
科目________
对方科目________
出票日期 2010 年 12 月 11 日

收款人:一阳培训天津分公司
金 额:10 200
用 途:培训费

单位主管:李明　会计:王芳

7. 20 日，收到建设银行的付款通知，结算短期借款本季度利息 27 000 元，已预提利息 18 000 元。

原始凭证：建设银行计收利息清单（付款通知）、贷款利息计算表

贷款利息计算表

2010 年 12 月 20 日

单位：元

贷款项目	贷款金额	贷款年利率	计息期	利息金额
短期借款	3 600 000	3%	12 月	9 000
小计	3 600 000			9 000

复核人：王芳　　　　制表人：刘飞

建设银行天津市东丽支行计收利息清单（付款通知）

账号：159233342567　　　　2010 年 12 月 20 日

单位名称：天津红星啤酒股份有限公司

计息起讫日期：2010.09.20—2010.12.20

贷款户账号：25342267620　　　　计息总积数：324 000 000.00

利率：3%　　　　利息金额：27 000

建行东丽支行 20101220 转讫

你单位上述应偿借款和利息已从你单位账户划出

此致

借款单位（银行盖章）　　　　复核：赵明　　　　记账：李红

8. 26 日，用现金支付刘云等 6 人困难补助 5 400 元。

原始凭证：困难补助发放审批表

困难补助发放表

2010 年 12 月 26 日　　　　单位：元

部门	姓名	金额	签字
9 度清爽啤酒工人	刘云	1 200	刘云
	冯亮齐	1 200	冯亮齐
	郝明启	1 000	郝明启
10 度淡爽啤酒工人	赵员民	800	赵员民
	黄贞	600	黄贞
技术部	李研婷	600	李研婷
合计		5 400	

银行付讫

审批人：刘奇　　　　财务审核：李明　　　　制表：李静

9. 27日，企业向员工每人发放9度清爽啤酒5箱，共计1 150箱。

原始凭证：员工福利发放表、产品出库单

员工福利(9度清爽啤酒)发放表

2010年12月27日

部门		姓名	发放物资	签字
基本生产车间	9度清爽啤酒工人	刘云等72人	360箱	
	10度淡爽啤酒工人	黄贞等76人	380箱	
	管理人员	5人	25箱	
辅助生产车间	一车间工人	李平等18人	90箱	
	二车间工人	李亮等9人	45箱	
	管理人员	孙正等3人	15箱	
销售网点		赵玫等7人	35箱	
厂部管理人员		朱丹等40人	200箱	
合计		230人	1 150箱	

审批人：余阳　　　财务审核：李明　　　制表：李静

产品出库单

2010年12月27日　　　No:533135

购货单位	产品名称及型号	单位	数量	备注
办公室	9度清爽啤酒	箱	1 150	

仓库负责人：孙宁　　　经办人：钱星　　　提货人：万伟

10. 月末，计提本月应付工资，并代扣职工负担的社会保险、住房公积金、个人所得税。

原始凭证：工资分配表

工资分配表

2010 年 12 月 31 日　　　　单位:元

车间及部门		应发工资				代扣款项						实发金额
		基本工资	岗位津贴	奖金	小计	养老保险	医疗保险	失业保险	住房公积金	个人所得税	小计	
基本生产车间	9度清爽	95 760	16 900	16 500	129 160	10 332.8	2 583.2	1 291.6	12 916	2 512.90	29 636.5	99 523.5
	10度淡爽	96 270	17 200	17 200	130 670	10 453.6	2 613.4	1 306.7	13 067	2 554.35	29 995.05	100 674.95
	管理人员	15 560	1 000	2 400	18 960	1 516.8	379.2	189.6	1 896	653.4	4 635	14 325
辅助生产车间	一车间	31 370	1 800	1 200	34 370	2 749.6	687.4	343.7	3 437	927.8	8 145.5	26 224.5
	二车间	16 520	900	800	18 220	1 457.6	364.4	182.2	1 822	267.80	4 094	14 126
	管理人员	8 890	600	600	10 090	807.2	201.8	100.9	1 009	129.25	2 248.15	7 841.85
销售人员		18 650	1 400	12 000	32 050	2 564	641	320.5	3 205	826.85	7 557.35	24 492.65
管理部门		130 260	2 200	9 300	141 760	11 340.8	2 835.2	1 417.6	14 176	7 568.60	37 338.2	104 421.8
合计		413 280	42 000	60 000	515 280	41 222.4	10 305.6	5 152.8	51 528	15440.95	123 649.75	391 630.25

审批:李明　　　　审核:王芳　　　　制单:林英

11. 月末,按工资总额的 20%、10%、2%、0.8%、0.2%、10%、2%和 2.5%计提由企业负担的职工养老保险、医疗保险、失业保险、生育保险、工伤保险、住房公积金、工会经费和职工教育经费。

原始凭证:保险、公积金、工会经费和职工教育经费分配表

保险、公积金、工会经费、职工教育经费分配表

2010 年 12 月 31 日　　　　单位:元

车间及部门		计算依据(工资)	养老保险	医疗保险	失业保险	生育保险	工伤保险	住房公积金	工会经费	职工教育经费	小计
基本生产车间	9度清爽	129 160	25 832	12 916	2 583.2	1 033.28	258.32	12 916	2 583.2	3 229	61 351
	10度淡爽	130 670	26 134	13 067	2 613.4	1 045.36	261.34	13 067	2 613.4	3 266.75	62 068.25
	管理人员	18 960	3 792	1 896	379.2	151.68	379.2	1 896	379.2	474	9 006
辅助生产车间	一车间	34 370	6 874	3 437	687.4	274.96	68.74	3 437	687.4	859.25	16 325.75
	二车间	18 220	3 644	1 822	364.4	145.76	36.44	1 822	364.4	455.5	8 654.5
	管理人员	10 090	2 018	1 009	201.8	80.72	20.18	1 009	201.8	252.25	4 792.75
销售人员		32 050	6 410	3 205	641	256.4	64.1	3 205	641	801.25	15 223.75
管理部门		141 760	28 352	14 176	2 835.2	1 134.08	283.52	14 176	2 835.2	3 544	67 336
合计		515 280	103 056	51 528	10 305.6	4 122.24	1 030.56	51 528	10 305.6	12 882	244 758

审批:李明　　　　审核:王芳　　　　制单:林英

12. 月末,计提本月实际发生的福利费。

原始凭证:员工福利发放汇总表

员工福利发放汇总表

2010 年 12 月 31 日　　单位:元

部门		困难补助	大米(330 元/人)	啤酒(240.25 元/人)
基本生产车间	9 度清爽工人	3 400	23 760	17 298
	10 度淡爽工人	1 400	25 080	18 259
	管理人员		1 650	1 201.25
辅助生产车间	一车间工人		5 940	4 324.5
	二车间工人		2 970	2 162.25
	管理人员		990	720.75
销售网点			2 310	1 681.75
厂部管理人员		600	13 200	9 610
合计		5 400	75 900	55 257.5

审批人:余阳　　财务审核:李明　　制表:刘飞

13. 月末,预提本月应负担的长期借款利息,本金 3 000 000 元,年利率 6%,该借款于 2010 年 11 月 1 日借入,用于正在施工中的仓库建造工程,每三个月结付一次利息。此利息符合利息资本化条件。

原始凭证:贷款利息计算表

贷款利息计算表

2010 年 12 月 31 日　　单位:元

贷款项目	贷款金额	贷款年利率	计息期	利息金额
长期借款	3 000 000	6%	12 月	15 000
小计	3 000 000			15 000

复核人:王芳　　制表人:刘飞

三、模拟实训实施

(一)本章知识要点

1. 基本概念及理论

负债,是指企业过去的交易、事项形成的,预期会导致经济利益流出企业的现时义务。负债按其流动性,实际上是按照偿还期限的长短,可以分为流动负债和非流动负债。

流动负债包括短期借款、应付票据、应付账款、预收账款、应交税费、应付职工薪酬、应付股利、应付利息、其他应付款等。短期借款,是指企业向银行或其他金融机构等借入的期限在1年以内(含1年)的各种借款。应付票据,是指企业因购买材料、商品和接受劳务供应等而开出、承兑的商业汇票。商业汇票按承兑人的不同分为:商业承兑汇票和银行承兑汇票。应付账款,是指企业在生产经营过程中因购买货物或接受劳务形成的债务。预收账款,是指企业在销售商品或提供劳务前,根据购销合同的规定,向购货方预先收取的部分或全部货款。应付职工薪酬,是指企业为获得职工提供的服务而给予各种形式的报酬以及其他相关支出,包括职工工资、奖金、津贴和补贴;职工福利费;医疗保险费、养老保险费、失业保险费、工伤保险费和生育保险费等社会保险费;住房公积金;工会经费和职工教育经费;非货币性福利;解除与职工的劳动关系给予的补偿;其他为职工提供服务的相关支出。应交税费,是指企业根据国家税法规定计算的压缴纳的各种税费。企业应依法缴纳的各种税金主要有:增值税、消费税、营业税、所得税、资源税、土地增值税、城市维护建设税、房产税、土地使用税、车船税。企业应缴纳的费用有:教育费附加、矿产资源补偿费等。

非流动负债主要包括长期借款、应付债券、长期应付款、专项应付款、预计负债等。长期借款是企业向银行等金融机构借入的、偿还期限超过1年的各种借款。应付债券是企业为筹集长期资金而发行的债券。长期应付款具有分期付款的性质,包括应付融资租入固定资产的租赁费、以分期付款方式购入固定资产和无形资产发生的应付款项以及采用补偿贸易方式引进国外设备时发生的应付款项等。

2. 会计分录

(1)短期借款核算

借入时　　借:银行存款
　　　　　　贷:短期借款
计息时　　借:财务费用
　　　　　　贷:应付利息(月末预提)
支付利息　借:应付利息
　　　　　　贷:银行存款
偿还本金　借:短期借款
　　　　　　贷:银行存款

(2)应付票据核算

开出时　　借:原材料等
　　　　　　　应交税费——应交增值税(进项税额)
　　　　　　贷:应付票据(面值)

计息时　　　借:财务费用

　　　　　　　贷:应付票据

到期支付本息　借:应付票据

　　　　　　　　财务费用(未计息部分)

　　　　　　　贷:银行存款

无法承兑　　借:应付票据

　　　　　　　贷:应付账款(商业承兑汇票)

　　　　　　　　短期借款(银行承兑汇票)

(3)应付账款核算

产生时　　　借:原材料等

　　　　　　　应交税费——应交增值税(进项税额)

　　　　　　　贷:应付账款

支付时　　　借:应付账款

　　　　　　　贷:银行存款

　　　　　　　　财务费用(如果享受了现金折旧)

无法支付　　借:应付账款

　　　　　　　贷:营业外收入

(4)预收账款核算

产生时　　　借:银行存款

　　　　　　　贷:预收账款

发货时　　　借:预收账款

　　　　　　　贷:主营业务收入

　　　　　　　　应交税费——应交增值税(销项税额)

退回时　　　借:预收账款

　　　　　　　贷:银行存款

(5)应付职工薪酬核算

①货币性职工薪酬

计提时　　借:生产成本、制造费用、劳务成本(生产部门人员薪酬)

　　　　　　管理费用(管理部门人员薪酬)

　　　　　　销售费用(销售人员薪酬)

　　　　　　在建工程、研发支出(在建工程、研发支出负担的薪酬)

　　　　　贷:应付职工薪酬——工资等

发放　　　借:应付职工薪酬——工资等

　　　　　贷:银行存款、库存现金

　　　　　　　其他应收款(代扣款)

　　　　　　　应交税费——应交个人所得税(代扣个税)

②非货币性职工薪酬

a.以自产的产品作为非货币性福利发放给职工,应视同销售。

确认时　　借:生产成本、制造费用、劳务成本(生产部门人员受益)

管理费用(管理部门人员受益)
销售费用(销售人员受益)
在建工程、研发支出(在建工程、研发人员受益)
贷:应付职工薪酬——非货币性福利
发放时　借:应付职工薪酬——非货币性福利
贷:主营业务收入
应交税费——应交增值税(销项税额)
借:主营业务成本
贷:库存商品

b.以外购商品作为非货币性福利发放给职工,按购买成本计入成本或损益。
确认同自产的产品
发放　借:应付职工薪酬——非货币性福利
贷:银行存款

c.以拥有的房屋等资产供职工使用,应将资产的折旧计入成本或损益。
确认同自产的产品
发放　借:应付职工薪酬——非货币性福利
贷:累计折旧等

(6)应交税费核算

①增值税

a.一般纳税人应交增值税的核算。

采购时符合抵扣条件的增值税确认“进项税额”,原来已确认的进项税额发生变化后不能抵扣的确认“进项税额转出”,产品销售或视同销售时确认“销项税额”。

缴纳本月增值税　借:应交税费——应交增值税(已交税金)
贷:银行存款
月末计算当月应交未交增值税　借:应交税费——应交增值税(转出未交增值税)
贷:应交税费——未交增值税
当月多交的增值税　借:应交税费——未交增值税
贷:应交税费——应交增值税(转出多交增值税)
缴纳以前月份的增值税　借:应交税费——未交增值税
贷:银行存款

b.小规模纳税人应交增值税的核算。
销售时　借:银行存款等
贷:主营业务收入
应交税费——应交增值税
缴纳　借:应交税费——应交增值税
贷:银行存款

②消费税
销售应税消费品计提消费税　借:营业税金及附加
贷:应交税费——应交消费税

将生产的应税消费品用于在建工程等

借:在建工程等

贷:库存商品

应交税费——应交消费税(按组成计税价格)

应交税费——应交增值税(销项税额)(按组成计税价格)

委托加工应税消费品

收回后直接销售　　借:委托加工物资

贷:应付账款、银行存款(按应交的消费税)

收回后用于连续生产应税消费品　　借:应交税费——应交消费税

贷:应付账款、银行存款

③营业税

计提税金　　借:营业税金及附加(营业收入应交的营业税)

其他业务成本(出租无形资产)

营业外支出(出售无形资产)

固定资产清理(固定资产清理应交的营业税)

贷:应交税费——应交营业税

交纳税金　　借:应交税费——应交营业税

贷:银行存款

④其他应交税费

计提房产税、城镇土地使用税、车船使用税、矿产资源补偿费等税费

借:管理费用

贷:应交税费——应交房产税、城镇土地使用税、车船使用税、矿产资源补偿费

计提资源税、城市建设维护税、教育费附加等

借:营业税金及附加

贷:应交税费——资源税、城市建设维护税、教育费附加等

缴纳税金

借:应交税费——应交房产税、城镇土地使用税、资源税等

贷:银行存款

(7)长期借款

取得长期借款　　借:银行存款

长期借款——利息调整(差额,或借或贷)

贷:长期借款——本金

计提利息　　借:财务费用、在建工程等(期初摊余成本×实际利率)

贷:应付利息(本金×合同利率)

长期借款——利息调整(差额,或借或贷)

偿还本金和最后一次付息　借:财务费用、在建工程等(差额)

长期借款——本金

贷:银行存款

长期借款——利息调整(尚未摊销的利息调整的金额)

(8)应付债券

发行债券　借:银行存款(实际收到的款项)

　　贷:应付债券——面值(面值)

　　　　应付债券——利息调整(差额,或借或贷)

计提利息　借:财务费用、在建工程等(期初摊余成本×实际利率)

　　贷:应付利息、应付债券——应计利息(面值×票面利率)

　　　　应付债券——利息调整(差额,或借或贷)

分期付息,到期还本付息

借:财务费用、在建工程等(差额)

　　应付债券——面值(面值)

　　应付债券——利息调整(尚未摊销的利息调整的金额)

　　贷:银行存款

到期一次还本付息　借:应付债券——面值(面值)

　　应付债券——应计利息

　　贷:银行存款

3. 实务操作

(1)应付职工薪酬的计提与发放。应付职工薪酬的计提一般在月末,应付职工薪酬包括工资及补贴、福利费、五险一金、工会经费和职工教育经费等,根据职工所在的部门确认相关的成本或费用。计提由企业负担的职工养老保险、医疗保险、失业保险、生育保险、工伤保险、住房公积金、工会经费、职工教育经费的比例为职工个人工资总额的20%、10%、2%、8‰、2‰、10%、2%、2.5%。发放职工工资的日期由每个单位自行规定。发放职工工资时应代扣个人所得税及个人应缴纳的社会保险费及公积金。目前,大部分单位都委托银行代发职工工资。在工资发放日,将实发工资的数额转入本单位在银行开设的工资专户,将工资明细单给银行,由银行将工资转入职工的工资卡中。

(2)债券发行。债券是企业为筹集长期资金而发行的约定于一定日期支付一定的本金及定期支付一定的利息给持有者的一种书面凭证。发行债券是企业筹集长期资金的重要方式之一。债券的发行价格要根据债券的票面利率与市场利率来确定。债券在按低于债券票面利率的市场利率发行时,发行价格高于债券的面值,称之为溢价发行;若按高于债券票面利率的市场利率发行时,发行价格就会低于债券面值,称之为折价发行;若两个利率相等,则债券的发行价格就会等于债券面值,称之为平价发行。

(3)一般纳税人增值税抵扣。准予从销项税额中抵扣进项税额的各类抵扣凭证包括:从销售方取得的增值税专用发票上注明的增值税额;从海关取得的完税凭证上注明的增值税额;购进免税农产品以及向小规模纳税人购进农产品,根据开具的农产品收购凭证或取得的普通发票上注明的金额,依13%的抵扣率计算应抵扣的进项税额;购进或者销售应税货物所支付的运输费用,根据取得的运费结算单据(普通发票)所列运费金额,依7%的扣除率计算应抵扣的进项税额。

另外,除上述可抵扣各类进项税额凭证外,自2009年1月1日起,增值税一般纳税人购买机动车取得的税控系统开具的机动车销售统一发票,属于扣税范围的,应自该发票开具之日起90日内到税务机关认证,认证通过的可按增值税专用发票作为增值税进项税额的扣税凭证。

没有取得符合抵扣规定的扣税凭证不得抵扣进项税额。

下列项目的进项税额不得从销项税额中抵扣:用于非增值税应税项目、免征增值税项目、集体福利或者个人消费的购进货物或者应税劳务;非正常损失的购进货物及相关的应税劳务;非正常损失的在产品、产成品所耗用的购进货物或者应税劳务;国务院财政、税务主管部门规定的纳税人自用消费品;以上货物的运输费用和销售免税货物的运输费用。

(二)实训重点及难点内容

(1)应付账款、应付票据的内容及核算;

(2)增值税、营业税、消费税的计算和会计处理;

(3)应付职工薪酬的发放与计提;

(4)应付债券的会计处理;

(5)实际利率法的摊销。

(三)实训具体实施方法

1.教学内容分析

负债是整个中级财务会计课程中内容较多、难度较大的一章。

容易理解的理论知识有负债的概念、分类、特点,应付票据的种类。较难理解的理论知识包括营业税的征收范围、利息的资本化、消费税的计算、应付职工薪酬的内容。难以理解的理论知识包括增值税抵扣的具体规定、应付债券的溢折价发行、实际利率法摊销。

会计处理比较简单的业务包括短期借款、应付账款、应付票据、预收账款的会计处理。会计处理较难的业务包括应付职工薪酬计提与发放的会计处理、增值税缴纳。会计处理很难的业务包括长期借款、应付债券的会计处理。

实务操作的内容中,增值税的抵扣对于学生来说具有一定的难度。

企业如何通过负债进行资金筹集,属于企业财务管理中的重要内容,引导学生去搜集相应的案例和资料进行分析,培养学生财务管理的意识。

2.课时分配与安排

固定资产一章的计划课时为 18 课时,其中理论课 14 课时,模拟实训 4 课时。该章内容多、难度较大,需要重点详细地进行理论讲解,计划课时安排最多。在理论讲解的同时穿插课中练习和模拟实验,调节授课的节奏和气氛。

3.实训流程

(1)课前预习。教师在课前强调预习要求和要点,布置预习思考题,让学生通过自学完成预习思考题,掌握本章容易理解的理论知识和比较简单的业务的会计处理,熟悉较难理解的理论知识和会计处理较难的业务的会计处理,了解难以理解的理论知识。

(2)课中实训。课中实训由两部分组成,一是多做课中练习,每讲完一种负债就通过反复练习来巩固理论课上的内容;二是在理论课讲述的过程中穿插进行模拟实验,增加学生对各类负债的感性认识,帮助记忆和理解各类负债的会计处理。模拟实验可以按以下步骤进行:

①指导学生根据本章模拟实验的资料进行原始凭证的辨认与审核,判断负债的类型,进行期初确认,编制记账凭证;

②指导学生进行应付职工薪酬发放的会计处理,编制记账凭证;

③指导学生进行月末应付职工薪酬的计提、利息的计提、月末应交税费的计算和转出,编

制记账凭证；

④给记账凭证编号并登记日记账和明细账。

在指导学生进行模拟实验的过程中，指导老师结合本章理论课教学内容，讲完一类负债就进行相应的模拟实验，强调应付职工薪酬的发放和计提的区别、应交税费缴纳和计提的区别、月末应交增值税的计算和转出的方法，让学生在实务操作中复习巩固理论课中的知识。

(3)课后复习。在进行课前预习和课中实训后，要求学生从以下两个方面进行课后复习：

①复习模拟实验实务操作的要点；

②做课后复习。

第九章　所有者权益模拟实训设计与实施

一、实训目标和要求

(一)实训目标

通过实训使学生了解所有者权益的性质及构成;熟悉资本公积的内容、盈余公积的组成及作用;掌握实收资本、资本公积、盈余公积、利润分配的会计处理。

(二)实训要求

(1)预习该章内容,完成预习思考题。

(2)进行模拟实验时,仔细分析审核原始凭证,根据原始凭证判断经济业务内容,按理论课上讲述的内容进行会计处理。

(3)课后复习,完成布置的习题。

二、模拟实训内容设计

(一)习题训练

预习思考题

(1)什么是所有者权益? 它包括哪些内容?

(2)所有者权益与负债有什么区别?

(3)实收资本应如何进行会计处理?

(4)对盈余公积的提取和使用如何进行会计处理?

(5)未分配利润如何进行会计处理?

课内练习

一、单项选择题

①下列各项中,不属于所有者权益的是(　)。

A. 资本溢价　　　　B. 盈余公积

C. 投资者投入的资本　　　　D. 应付高管人员基本薪酬

②某公司 2010 年初所有者权益总额为 1 360 万元,当年实现净利润 450 万元,提取盈余公积 45 万元,向投资者分配现金股利 200 万元,本年内以资本公积转增资本 50 万元,投资者追加现金投资 30 万元。该公司年末所有者权益总额为(　)万元。

A. 1 565　　B. 1 595　　C. 1 640　　D. 1 795

③下列各项中，会导致留存收益总额发生增减变动的是(　)。

A. 资本公积转增资本　B. 盈余公积补亏

C. 盈余公积转增资本　D. 以当年净利润弥补以前年度亏损

④某股份有限公司按法定程序报经批准后采用收购本公司股票方式减资，购回股票支付价款低于股票面值总额的，所注销库存股账面余额与冲减股本的差额应计入(　)。

A. 盈余公积　B. 营业外收入　C. 资本公积　D. 未分配利润

⑤下列项目中，不属于资本公积核算内容的是(　)。

A. 企业收到投资者出资超出其在注册资本或股本中所占份额的部分

B. 直接计入所有者权益的利得

C. 直接计入所有者权益的损失

D. 企业收到投资者出资额在注册资本或股本中所占份额的部分

二、多项选择题

①法定盈余公积的主要用途有(　)。

A. 对外捐赠　B. 弥补亏损　C. 转增资本　D. 用于集体福利设施

②下列各项中，年度终了需要转入"利润分配——未分配利润"科目的有(　)。

A. 本年利润　B. 利润分配——应付现金股利

C. 利润分配——盈余公积补亏　D. 利润分配——提取法定盈余公积

③下列各项中，不会引起留存收益总额变动的有(　)。

A. 盈余公积补亏　B. 计提法定盈余公积

C. 盈余公积转增资本　D. 计提任意盈余公积

三、判断题

①企业对被投资单位的长期股权投资采用权益法核算时，被投资单位增加的资本公积企业按其持股比例计算的份额贷记"资本公积——其他资本公积"。(　)

②公司发行股票支付的手续费等发行费用，应当计入当期财务费用。(　)

③企业宣告发放现金股利时，应作为负债和利润分配处理。(　)

④投资者向企业投入的资本，在持续经营期间内，不得随意抽回。(　)

⑤某企业年初未分配利润 100 万元，本年实现净利润 500 万元，提取法定盈余公积 75 万元，提取任意盈余公积 25 万元，该企业年末可供投资者分配的利润为 500 万元。(　)

四、计算题及业务处理

①资料：某企业本期委托某证券公司代理发行普通股 5 000 000 股，每股面值 1 元，发行价格为每股 1.50 元。企业与证券公司约定，按发行收入的 2% 收取佣金，从发行收入中扣除。假定发行款项存入银行。

要求：根据上述经济业务，进行相关的会计处理。

②资料：某企业 2010 年年末实现税后利润 400 000 元，其利润分配情况为：按照税后利润的 10% 计提法定盈余公积；按照税后利润的 15% 计提任意盈余公积。其转增资本情况为：用盈余公积 30 000 元转增资本。

要求：根据上述经济业务，进行相关的会计处理。

课后复习

一、单项选择题

①年末结转后,“利润分配”账户的贷方余额表示( )。

A. 未弥补的亏损　　B. 利润分配额

C. 未分配的利润　　D. 利润实现额

②下列各项中,不属于资本公积来源的是( )。

A. 资本溢价　　B. 股本溢价

C. 处置无形资产形成的利得　　D. 资本公积——其他资本公积

③某企业年初所有者权益总额 160 万元,当年以其中的资本公积转增资本 50 万元。当年实现净利润 300 万元,提取盈余公积 30 万元,向投资者分配利润 20 万元。该企业年末所有者权益总额为( )万元。

A. 360　　B. 410　　C. 440　　D. 460

④某有限责任公司由 AB 两个股东各出资 50 万元而设立,设立时实收资本为 100 万元,经过三年运营,该公司盈余公积和未分配利润合计为 50 万元,这时 C 投资者有意参加,经各方协商以 80 万元出资占该公司股份的 1/3 比例,该公司在接受 C 投资者投资时,应借记“银行存款”科目 80 万元,贷记( )。

A.“实收资本”科目 80 万元

B.“实收资本”科目 75 万元,“资本公积”科目 5 万元

C.“实收资本”科目 50 万元,“资本公积”科目 30 万元

D.“实收资本”科目 50 万元,“资本公积”科目 25 万元

⑤下列利润分配顺序中,正确的是( )

A. 提取法定盈余公积、提取任意盈余公积、分配优先股股利

B. 提取任意盈余公积、提取法定盈余公积、分配优先股股利

C. 提取法定盈余公积、分配优先股股利、提取任意盈余公积

D. 分配优先股股利、提取法定盈余公积、提取任意盈余公积

二、多项选择题

①下列各项中,属于所有者权益的有( )。

A. 坏账准备　　B. 应付股利　　C. 资本溢价　　D. 任意盈余公积

②所有者权益与负债有显著区别,主要表现在( )。

A. 债权人对企业资产的要求权优先于投资者

B. 企业的投资者可以凭借对企业的所有权,参与该企业的经营管理,而债权人往往无权参与企业的经营管理

C. 对于所有者来说,在企业持续经营的情况下,除按法律程序减资外,一般不能提前撤回投资,而负债一般都有规定的偿还期限,必须于一定时期偿还

D. 投资者以股利或利润的形式参与企业的利润分配,而债权人通常不能参与企业的利润分配,只能按规定的条件得到偿付并获得利息收入

③下列各项中,能够引起企业留存收益总额发生变动的有( )。

A. 本年度实现净利润　　B. 提取法定盈余公积

C. 向投资者宣告分派现金股利　　　　D. 用法定盈余公积转增资本

④下列各项中,引起公司制企业实收资本增加的有(　)。

A. 接受现金资产投资　　　　B. 盈余公积转增资本

C. 资本公积转增资本　　　　D. 追加对被投资单位的投资

三、判断题

①收入能够导致企业所有者权益增加,但导致所有者权益增加的不一定是收入。(　)

②留存利润是企业经营所得净利润的累积,它属于企业所有,而不属于投资者所有。(　)

③企业年末资产负债表中的未分配利润的金额一定等于"利润分配"科目的年末余额。(　)

④只要公司盈利,法定盈余公积累积不超过公司注册资本的50%,都要提取法定盈余公积。(　)

⑤公司的法定盈余公积不足以弥补以前年度亏损的,在提取法定盈余公积之前,应当先用当年利润弥补亏损。(　)

四、计算题及业务处理

(1)资料:甲公司2010年年初未分配利润为贷方余额100万元,本年利润总额为贷方余额390万元,适用的企业所得税税率为25%。假设不存在纳税调整因素。公司按税后利润的10%提取法定盈余公积,提取任意盈余公积10万元,向投资者宣告分配现金股利40万元。

要求:计算甲公司本期所得税费用,并编制相应的会计分录;编制利润分配的会计分录;计算年末未分配利润。

(2)分别做出以下各类经济业务的会计分录:

① 接受外商捐赠的人民币500 000元存入银行。

②年底实现净利润2 000 000元,按10%、6%提取法定盈余公积、任意盈余公积。

③A、B、C三位股东各投资1 500 000元人民币。设立时的实收资本4 500 000元。经过几年的经营企业所有者权益总额为6 600 000元,这时又有D投资者愿意加入该企业,并表示愿意出资2 200 000元,享有A、B、C三位股东同等的权利,三位股东表示同意,D投资者的出资款已转入银行存款账户。

④某企业注册资本为2 000 000元,根据合同约定,企业收到投资者甲投入的资本1 200 000元,投资者乙投入的资本500 000元,投资者丙投入的资本300 000元,该款项全部存入银行账户。

⑤企业委托证券公司代理发行普通股5 000 000股,每股面值1元,发行价格每股6.5元,企业与证券公司约定,按发行收入的1%收取佣金,从发行收入中扣除。收到的股款存入银行。

⑥企业2010年12月31日发生亏损120 000元,年度终了,结转本年发生的亏损。

(二)模拟实验

1. 16日,天津市旭日股份有限公司按照协议追加投资5 000 000元,其中固定资产3 000 000元,银行存款2 000 000元,收到投资款及投入的固定资产。此次追加投资占红星啤酒股份有限公司新股本的8%。

原始凭证:投资协议书、入账通知、收款收据(记账联)、固定资产验收单

投资协议书(摘录)

投出单位:天津市旭日股份有限公司

投入单位:天津市红星啤酒股份有限公司

……

第三,天津市旭日股份有限公司向天津市红星啤酒股份有限公司追加投资5 000 000元,其中固定资产3 000 000元,银行存款2 000 000元。

第四,天津市旭日股份有限公司此次追加投资购买红星啤酒股份有限公司3 478 261股,占红星啤酒股份有限公司新股本的8%。

第五,追加投资的款项及固定资产应于2010年12月31日前到账。

……

投出单位(公章)　　　　投入单位(公章)

天津市旭日股份有限公司　　　　天津市红星啤酒股份有限公司

模拟　　　　模拟

2010年11月10日　　　　2010年11月10日

工商银行汇入汇款通知书(来账)

2010年12月16日

公司名称:天津市红星啤酒股份有限公司

收款人账号:168230028555

收款人地址:天津市东丽区第六大道108号

入账金额(大写):人民币贰佰万元整　　　　金额(小写):¥2 000 000.00

业务编号:1025860000201 0-12-1689　　　　入账日期:2010-12-16

汇入行行名:中国工商银行东丽支行

汇出行行名:中国银行天津分行

汇出日期:2010-12-15　　　　汇出编号:00065264

汇款人账号:81254368073226

汇款人名称:天津市旭日股份有限公司

汇款人地址:天津市南开区长江道276号

附言:

备注:

工商银行东丽支行 20101216 模拟 转讫

授权:　　　　复核:李清　　　　经办:刘红

银行签章:

收款收据

2010 年 12 月 16 日 No. 1158945

<table>
<tr><td>交款单位</td><td>天津市旭日股份有限公司</td><td>交款方式</td><td colspan="11">银行存款</td></tr>
<tr><td rowspan="2">人民币
（大写）</td><td rowspan="2" colspan="2">贰佰万元整</td><td>万</td><td>千</td><td>百</td><td>十</td><td>万</td><td>千</td><td>百</td><td>十</td><td>元</td><td>角</td><td>分</td></tr>
<tr><td>¥</td><td>2</td><td>0</td><td>0</td><td>0</td><td>0</td><td>0</td><td>0</td><td>0</td><td>0</td><td></td></tr>
<tr><td>交款事由</td><td colspan="13">旭日股份有限公司交来投资款</td></tr>
</table>

第三联 记账联

收款单位： 会计：王芳 出纳：张平

投入固定资产验收单

2010 年 12 月 16 日

<table>
<tr><td rowspan="2">固定资产名称</td><td rowspan="2">规格型号</td><td rowspan="2">单位</td><td rowspan="2">数量</td><td rowspan="2">尚可使用年限</td><td colspan="3">投出单位账面价值</td><td rowspan="2">评估净值</td><td rowspan="2">备注</td></tr>
<tr><td>原值</td><td>已提折旧</td><td>净值</td></tr>
<tr><td>包装设备</td><td>W255</td><td>台</td><td>1</td><td>10</td><td>400 万元</td><td>20 万元</td><td>380 万元</td><td>300 万元</td><td></td></tr>
<tr><td>投资人</td><td colspan="9">天津市旭日股份有限公司</td></tr>
</table>

审批人：林红 审核：张明国 验收人：郝阳

2. 20 日，经股东大会审议通过，用资本公积、盈余公积转增股本。红纺集团有限公司和旭日股份有限公司按追加投资前的投资比例享有相应的股本。

原始凭证：股东大会决议

关于用资本公积和盈余公积
转增资本的决议

……

经股东大会审议通过，用资本公积 400 000 元和盈余公积 300 000 元转增股本。

……

红星啤酒股份有限公司

2010 年 12 月 20 日

三、模拟实训实施

(一)本章知识要点

1. 基本概念及理论

所有者权益是指企业资产扣除负债后由所有者享有的剩余权益,它的来源包括所有者投资的资本、直接计入所有者权益的利得和损失、留存收益等。所有者权益可分为实收资本(股本)、资本公积、盈余公积和未分配利润四部分。实收资本(股本)是指投资者实际投入企业经营活动的财产物资和货币资金,是企业所有者权益构成的主体,是企业注册成立的基本条件之一,也是企业正常运行所必需的资金和承担各项责任的财力保证。包括国家、法人、个人及外商等对企业的各种投资。资本公积主要包括资本溢价和其他资本公积。留存收益主要包括盈余公积和未分配利润。盈余公积是指按照国家有关规定从税后利润中提取的,具有特定用途的公积金。它可以用来弥补亏损和按规定程序转增资本金等。未分配利润是指企业留于以后年度分配或待分配的利润。

2. 会计分录

(1)投资者投入资本

现金投资　借:银行存款
　贷:实收资本、股本
　　资本公积——资本(股本)溢价

非现金资产投资　借:固定资产、原材料等
　应交税费——应交增值税(进项税额)
　贷:实收资本、股本
　　资本公积——资本(股本)溢价

(2)资本公积或盈余公积转增资本

借:资本公积、盈余公积等
　贷:实收资本、股本

(3)实收资本减少

回购时　借:库存股
　贷:银行存款

注销时　借:实收资本、股本
　资本公积——股本溢价(不足冲减,依次冲减盈余公积及未分配利润)
　贷:库存股

(4)利润分配

提取盈余公积　借:利润分配——提取法定(任意)盈余公积
　贷:盈余公积——法定(任意)盈余公积

送股　借:利润分配——转作股本的股利
　贷:股本

分配现金股利　借:利润分配——应付现金股利
　贷:应付股利

将利润分配各明细科目转入“利润分配——未分配利润”

借:利润分配——未分配利润

贷:利润分配——提取法定(任意)盈余公积

利润分配——转作股本的股利

利润分配——应付现金股利

3. 实务操作

(1)企业注册资本登记管理规定。有限责任公司的注册资本为在公司登记机关依法登记的全体股东认缴的出资额。股份有限公司采取发起设立方式设立的,注册资本为在公司登记机关依法登记的全体发起人认购的股本总额。股份有限公司采取募集设立方式设立的,注册资本为在公司登记机关依法登记的实收股本总额。公司的注册资本是全体股东或者发起人实际交付并经公司登记机关依法登记的出资额或者股本总额。

公司增加注册资本的,有限责任公司股东认缴新增资本的出资和股份有限公司的股东认购新股,应当分别依照《公司法》设立有限责任公司和股份有限公司缴纳出资和缴纳股款的有关规定执行。股份有限公司以公开发行新股方式或者上市公司以非公开发行新股方式增加注册资本的,还应当提交国务院证券监督管理机构的核准文件。

公司减少注册资本,应当符合《公司法》规定的程序,减少后的注册资本数额应当达到法律、行政法规规定的公司注册资本的最低限额并经验资机构验资。公司全体股东或者发起人足额缴纳出资和缴纳股款后,公司申请减少注册资本,应当同时办理减少注册资本变更登记。

(2)盈余公积管理。盈余公积是指企业按照规定从净利润中提取的积累资金。盈余公积分为两种:一是法定盈余公积。公司制企业的法定盈余公积按照税后利润的10%提取(非公司制企业也可按照超过10%的比例提取),法定盈余公积累计额已达注册资本的50%时可以不再提取。二是任意盈余公积。任意盈余公积主要是公司制企业按照股东大会的决议提取。盈余公积提取后可以用于弥补亏损、转增资本、分配股利。

(二)实训重点及难点内容

(1)实收资本的会计处理;

(2)资本公积的来源及会计处理;

(3)盈余公积的会计处理;

(4)库存股的核算;

(5)利润分配的会计处理。

(三)实训具体实施方法

1. 教学内容分析

容易理解的理论知识有所有者权益的分类、资本公积的来源,较难理解的理论知识有实收资本的增加和减少。

会计处理比较简单的业务包括投资者投入资本、转增资本。会计处理较难的业务包括股份回购及注销、利润分配。

实务操作的内容中,企业增资扩股的流程对于学生来说比较抽象。

企业如何进行盈余管理,属于企业财务管理中的重要内容,引导学生去搜集相应的案例和资料进行分析,培养学生财务管理的意识。

2.课时分配与安排

所有者权益一章的计划课时为2课时，其中理论课1课时，模拟实训1课时。该章内容少、比较容易理解，在理论讲解的同时穿插课中练习和模拟实验，便于学生理解相关理论知识。

3.实训流程

(1)课前预习。教师在课前强调预习要求和要点，布置预习思考题，让学生通过自学完成预习思考题，掌握本章容易理解的理论知识和比较简单的业务的会计处理，熟悉较难理解的知识点和会计处理较难的业务的会计处理。

(2)课中实训。课中实训由两部分组成，一是做课中练习，通过练习巩固相关知识点；二是在理论课讲述的过程中穿插进行模拟实验，增加学生对所有者权益核算的感性认识，帮助记忆和理解所有者权益的会计处理。模拟实验可以按以下步骤进行：

①指导学生根据本章模拟实验的资料进行原始凭证的辨认与审核，编制记账凭证并编号；

②根据记账凭证登记日记账及明细账。

在指导学生进行模拟实验的过程中，指导老师结合本章理论课教学内容，讲完有关内容后就进行相应的模拟实验，重点讲解追加投资时股本的变化和资本公积的计算，增加学生的感性认识。

(3)课后复习。在进行课前预习和课中实训后，要求学生从以下两个方面进行课后复习：

①复习模拟实验实务操作的要点；

②做课后复习题。

第十章　收入、费用、利润模拟实训设计与实施

一、实训目标和要求

(一)实训目标

通过实训使学生了解企业成本核算的基本方法和步骤，理解收入、费用的定义和确认条件，利润的定义和构成；熟悉收入金额的确认方法、费用的分类、营业成本的内容、期间费用的内容；掌握企业所得税的计算及会计处理，营业税金及附加、期间费用、营业外收支的会计处理；重点掌握收入、营业成本、利润结转的会计处理。

(二)实训要求

(1)预习本章内容，完成预习思考题。

(2)进行模拟实验时，仔细分析审核原始凭证，根据原始凭证判断经济业务内容，按理论课上讲述的内容进行会计处理。

(3)课后复习，完成布置的习题。

二、模拟实训内容设计

预习思考题

(1)费用确认的一般原则有哪些？

(2)什么是期间费用？其主要包括哪几个方面的内容？

(3)销售商品收入的确认条件有哪些？

(4)各种销售方式下，如何进行会计处理？

(5)什么是利润？企业的利润是怎样形成的？如何进行会计处理？

课内练习

一、单选题

①某工业企业产品售价为每件110元，若客户购买200件(含200件)以上，每件可得到10元的商业折扣。某客户2009年12月10日购买该企业产品200件，按合同规定现金折扣条件为2/10，1/20，n/30。适用的增值税率为17%。该企业于12月26日收到该笔款项时，应给予客户的现金折扣为(　　)元。假定计算现金折扣时不考虑增值税。

A. 0　　B. 200　　C. 234　　D. 220

②下列费用中，不属于管理费用列支范围的是（　）。

A. 车船使用税　B. 矿产资源补偿费　C. 招待费　D. 商品维修费

③工业企业的下列活动形成的经济利益流入中，不构成其收入的是（　）。

A. 销售产成品　B. 转让无形资产使用权

C. 销售原材料　D. 销售固定资产

④如果企业销售的商品已经发出但尚未完全满足收入确认的条件，应将发出商品的成本转入（　）。

A. "发出商品"科目　B. "在途物资"科目

C. "主营业务成本"科目　D. "其他业务成本"科目

⑤企业一定期间的净利润是指（　）。

A. 营业利润加投资收益

B. 营业利润加公允价值变动净损益

C. 营业利润加营业外收支净额减所得税费用

D. 营业利润加营业外收支净额

二、多选题

①下列各项中，工业企业应计入其他业务成本的有（　）。

A. 销售材料的成本　B. 出售单独计价包装物的成本

C. 出租包装物的成本　D. 经营租赁设备计提的折旧

②下列各项中，应计入营业税金及附加的有（　）。

A. 处置无形资产应交的营业税　B. 销售商品应交的增值税

C. 销售应税产品的资源税　D. 销售应税消费品应交的消费税

③ 在计算营业利润时，可能涉及的项目有（　）。

A. 主营业务收入　B. 其他业务收入　C. 公允价值变动损益

D. 投资收益　E. 营业外收入

④下列各项中，应计入销售费用的是（　）。

A. 已售商品预计保修费用

B. 为推广新产品而发生的广告费用

C. 随同商品出售而单独计价的包装物成本

D. 随同商品出售而不单独计价的包装物成本

⑤下列各项中，应计入财务费用的是（　）。

A. 银行承兑汇票手续费　B. 购买交易性金融资产手续费

C. 企业发生或收到的现金折扣　D. 商业汇票贴现发生的贴现息

三、判断题

①费用是指企业在日常活动中发生的、会导致所有者权益减少的、与向所有者分配利润无关的经济利益的总流出。（　）

②企业为组织生产经营活动而发生的一切管理活动的费用，包括车间管理费用和企业管理费用，都应作为期间费用处理。（　）

③企业已确认销售收入的售出商品发生销售折让，且不属于资产负债表日后事项的，应在

发生时冲减销售收入。( )

④提供劳务交易的完工进度,可以采用已经发生的成本占估计总成本的比例确定。( )

⑤影响营业利润的收支项目必然会影响利润总额,但影响利润总额的收支项目不一定会影响营业利润。( )

四、计算及账务处理

①资料:星海公司采用支付手续费方式委托诚信公司代销一批商品,商品成本 36 000 元。根据代销协议,商品售价 40 000 元,增值税税额 6 800 元,星海公司按销售价款的 3%支付手续费。诚信公司将该批商品售出后,给星海公司开来代销清单,星海公司根据代销清单所列的已销商品金额给诚信公司开具增值税专用发票。

要求:分别编制星海公司和诚信公司委托代销商品的会计分录。

②资料:甲公司 2010 年末未分配利润账户有借方余额 40 万元,属于 2009 年度的未弥补亏损。2011 年度,公司实现主营业务收入 3 000 万元,其他业务收入 88 万元,营业外收入 20 万元,发生主营业务成本 1 600 万元,营业税金及附加 542 万元,销售费用 220 万元,管理费用 362 万元,其他业务成本 64 万元,财务费用 80 万元,营业外支出 50 万元。假设没有税收调整项目,所得税率 25%。法定盈余公积和任意盈余公积的计提比例分别为 10%、15%,分配现金股利 20 万元。

要求:做出利润结转和分配的会计处理并计算 2011 年末未分配利润账户的余额。

课后习题

一、单选题

①某企业 2007 年 10 月承接一项设备安装劳务,劳务合同总收入为 200 万元,预计合同总成本为 140 万元,合同价款在签订时已收取,采用完工百分比法确认劳务收入。2007 年已确认劳务收入 80 万元,截至 2008 年 12 月 31 日,该劳务的累计完工进度为 60%。2008 年该企业应确认的劳务收入为( )万元。

A. 36　　B. 40　　C. 72　　D. 120

②下列各项中,应计入管理费用的是( )。

A. 筹建期间的开办费　　B. 预计产品质量保证损失

C. 生产车间管理人员工资　　D. 专设销售机构的固定资产修理费

③某企业某月销售商品发生商业折扣 20 万元、现金折扣 15 万元、销售折让 25 万元。该企业上述业务计入当月财务费用的金额为( )万元。

A. 15　　B. 20　　C. 35　　D. 45

④下列各项中,不应计入营业外收入的是( )。

A. 库存现金溢余　　B. 处置固定资产净收益

C. 收发差错造成存货盘盈　　D. 确实无法支付的应付账款

⑤某企业 2010 年 2 月主营业务收入为 100 万元,主营业务成本为 80 万元,管理费用为 5 万元,资产减值损失为 2 万元,投资收益为 10 万元。假定不考虑其他因素,该企业当月的营业利润为( )万元。

A. 13　　B. 15　　C. 18　　D. 23

⑥某企业 2010 年度利润总额为 1 800 万元,其中本年度国债利息收入 200 万元,已计入

营业外支出的税收滞纳金 6 万元；企业所得税率为 25%。假定不考虑其他因素，该企业 2008 年度所得税费用为(　)万元。

A. 400　　B. 401.5　　C. 450　　D. 498.5

二、多选题

①下列各项中，可用于确定所提供劳务完工进度的方法有(　)。

A. 根据测量的已完工作量加以确定

B. 按已经发生的成本占估计总成本的比例计算确定

C. 按已经收到的金额占合同总金额的比例计算确定

D. 按已经提供的劳务占应提供劳务总量的比例计算确定

②下列各项中，工业企业应确认为其他业务收入的有(　)

A. 对外销售材料收入　　B. 出售专利所有权收入

C. 处置营业用房净收益　　D. 转让商标使用权收入

③下列各科目，年末应无余额的有(　)。

A. 管理费用　　B. 所得税费用　　C. 本年利润　　D. 长期待摊费用

④下列各项中，应计入营业外支出的有(　)。

A. 无形资产处置损失　　B. 存货自然灾害损失

C. 固定资产清理损失　　D. 长期股权投资处置损失

⑤下列各项中，影响企业营业利润的有(　)。

A. 处置无形资产净收益　　B. 出租包装物取得的收入

C. 接受公益性捐赠利得　　D. 经营租出固定资产的折旧额

三、判断题

①制造费用和管理费用都是本期发生的生产费用，因此，均应计入当期损益。(　)

②如果合同或协议规定一次性收取使用费，且提供后续服务的，应在合同或协议规定的有效期内分期确认收入。(　)

③企业出售固定资产应交的营业税，应列入利润表的“营业税金及附加”项目。(　)

④企业采用“表结法”结转本年利润的，年度内每月月末损益类科目发生额合计数和月末累计余额无需转入“本年利润”科目但要将其填入利润表，在年末时将损益类科目全年累计余额转入“本年利润”科目。(　)

⑤计提的长期借款利息均应计入到财务费用中。(　)

四、计算及账务处理

①资料：甲公司为增值税一般纳税人，增值税税率为 17%。商品销售价格不含增值税，在确认销售收入时逐笔结转销售成本。假定不考虑其他相关税费。2010 年 6 月份甲公司发生如下业务。

6 月 2 日，向乙公司销售 A 商品 1 600 件，标价总额为 800 万元(不含增值税)，商品实际成本为 480 万元。为了促销，甲公司给予乙公司 15%的商业折扣并开具了增值税专用发票。甲公司已发出商品，并向银行办理了托收手续。

6 月 10 日，因部分 A 商品的规格与合同不符，乙公司退回 A 商品 800 件。当日，甲公司按规定向乙公司开具增值税专用发票(红字)，销售退回允许扣减当期增值税销项税额，退回商品已验收入库。

6 月 15 日,甲公司将部分退回的 A 商品作为福利发放给本公司职工,其中生产工人 500 件,行政管理人员 40 件,专设销售机构人员 60 件,该商品每件市场价格为 0.4 万元(与计税价格一致),实际成本 0.3 万元。

6 月 25 日,甲公司收到丙公司来函。来函提出,2010 年 5 月 10 日从甲公司所购 B 商品不符合合同规定的质量标准,要求甲公司在价格上给予 10%的销售折让。该商品售价为 600 万元,增值税额为 102 万元,货款已结清。经甲公司认定,同意给予折让并以银行存款退还折让款,同时开具了增值税专用发票(红字)。

要求:逐笔编制甲公司上述业务的会计分录;计算甲公司 6 月份主营业务收入总额。

②资料:甲、乙两公司签订了一份 400 万元的劳务合同,甲公司为乙公司开发一套系统软件(以下简称项目),假设开发软件劳务属于甲公司的主营业务,不考虑相关税费。2009 年 3 月 2 日项目开始开发,预计 2011 年 2 月 26 日完工。预计开发完成该项目的总成本为 360 万元。其他有关资料如下:

2009 年 3 月 30 日,甲公司预收乙公司支付的项目款 170 万元存入银行。

2009 年甲公司该项目实际发生劳务成本 126 万元。

至 2010 年 12 月 31 日,甲公司该项目累计实际发生劳务成本 315 万元。

甲公司在 2009 年、2010 年按已经发生的成本占估计总成本的比例计算完工程度。

要求:计算甲公司 2009 年、2010 年该项目的完工程度;计算甲公司 2009 年、2010 年该项目应确认的收入和成本;编制甲公司收到项目款、确认收入和成本的会计分录。

③2010 年 4 月,某公司当月实际应交增值税为 350 000 元,应交消费税 150 000 元,应交营业税为 100 000 元,城建税税率 7%,教育费附加 3%。计算公司当月应交的城建税、教育费附加并做出计提城建税、教育费附加的会计处理。

五、拓展题

写一篇关于企业成本核算与管理的小论文,字数 1 000 字左右。

(二)模拟实验

1. 15 日，北京明月超市因为装修暂停营业要求退回 2010 年 7 月 8 日赊购的 10 度淡爽啤酒 10 000 箱，销售部同意退货申请，明月超市已到主管税务机关申请了《开具红字增值税专用发票通知单》，财务部开具了红字增值税发票一张，发票上注明的不含税价款为 500 000 元，增值税税额为 85 000 元。啤酒已退回企业仓库。

原始凭证：入库单、红字增值税发票（记账联）

开具红字增值税专用发票通知单（第二联）

填开日期：2010 年 12 月 13 日　　No. 02536

<table>
<tr><td rowspan="2">销售方</td><td>名 称</td><td colspan="2">天津市红星啤酒股份有限公司</td><td rowspan="2">购买方</td><td>名 称</td><td>北京明月超市</td></tr>
<tr><td>税务登记代码</td><td colspan="2">12011133557789</td><td>税务登记代码</td><td>110102798702611</td></tr>
<tr><td rowspan="3">开具红字发票内容</td><td>货物(劳务)名称</td><td>单价</td><td colspan="2">数量</td><td>金额</td><td>税额</td></tr>
<tr><td>啤酒</td><td>50</td><td colspan="2">10 000</td><td>500 000.00</td><td>85 000.00</td></tr>
<tr><td>合计</td><td>——</td><td colspan="2">——</td><td>580 000.00</td><td>85 000.00</td></tr>
<tr><td>说明</td><td colspan="6">需要作进项税额转出■
不需要作进项税额转出□
纳税人识别号认证不符□
专用发票代码、号码认证不符□
对应蓝字专用发票密码区内打印的代码：78466523
号码：5650244
开具红字专用发票理由：装修停业退货
（印章：北京市顺义区国税局 模拟）</td></tr>
</table>

经办人：刘娜　　负责人：王清　　主管税务机关名称（印章）：

注：1. 本通知单一式三联：第一联，购买方主管税务机关留存；第二联，购买方送交销售方留存；第三联，购买方留存。

2. 通知单应与申请单一一对应。

3. 销售方应在开具红字专用发票后到主管税务机关进行核销。

商品验收及入库单

供货单位:北京明月超市　　　　2010 年 12 月 15 日　　　　No. 31124291

名称	规格型号	进价				检验	
		单位	数量	单价	金额	合格	不合格
啤酒	10 度淡爽	箱	10 000			10 000	
合 计			10 000			10 000	

仓库负责人:孙宁　　　　检验人:赵天　　　　收货人:钱星

增值税专用发票

记账联(红字)

开票日期:2010 年 12 月 15 日　　　　No. 02154634

购货单位	名称	北京明月超市	密码区	<071409+/8*5742/3590　加密版本号:01 51+/<30+42+/22<4/5/>1 806≪5-129-9+0-91312　7846672632 4/*6753≫2-8+859/≫40　5650642
	纳税人识别号	110102798702611		
	地址、电话	北京市顺义区公园路 258 号 22566986		
	开户行及账号	中国建设银行顺义支行公园分理处 120108293204318		

货物及应税劳务名称	规格型号	单位	数量	单价	金额	税率	税额
10 度淡爽啤酒		箱	10 000	50.00	500 000.00	17 %	85 000.00
						%	
						%	
合计					500 000.00	%	85 000.00
价税合计(大写)	零仟零佰伍拾捌万伍仟零佰零拾零元零角零分					(小写)	585 000.00

销货单位	名称	天津市红星啤酒股份有限公司	备注	
	纳税人识别号	12011133557789		
	地址、电话	天津市东丽区第六大道 108 号 60080066		
	开户行及账号	中国工商银行东丽支行 168230028555		

收款人:张平　　　　销货单位(盖章)

第三联　记账联销售方记账凭证

2. 16 日，办公室向天津市蓝月亮文化用品公司购买文件夹、计算器等办公用品，价款 2575 元，开出工商银行转账支票支付。

原始凭证：付款申请单、专用发票、转账支票存根

付款申请单

2010 年 12 月 16 日　　　　No. 5268702785

付款部门：办公室	申请人：伍玲
付款原因：购买办公用品	
付款方式：现金　　转账支票 √　　电汇　　其他	
付款金额：人民币（大写）贰仟伍佰柒拾伍元整　　小写 ￥2 575.00	
收款单位：天津市蓝月亮文化用品公司　　银行付讫	
开户银行及账号：中国工商银行和平支行 168285237661	

单位负责人：刘奇　　财务经理：李明　　部门负责人：张全明　　审核：王芳　　出纳：张平

天津市市工商业统一发票

全国统一发票监制章　天津　地方税务总局监制

No. 83426930

客户：天津市红星啤酒股份有限公司　　2010 年 12 月 16 日　　本发票限 2011 年底前使用

编号	货物名称	规格	单位	数量	单价	金额 十	万	千	百	十	元	角	分
	办公用品						￥	2	5	7	5	0	0
合计金额（大写）零拾零万贰仟伍佰柒拾伍元零角零分							￥	[illegible]	5	7	[illegible]	0	0
说明：发票联大写复写后佰位在荧光灯下呈现红色荧光。													

第二联　发票联

天津市蓝月亮文化用品公司　100523157822621　发票专用章　模拟

开票人：张英　　收款人：　　验收人：　　盖章

中国工商银行
转账支票存根
B B 00049523
科目______________
对方科目______________
出票日期 2010 年 12 月 16 日

收款人：天津市蓝月亮文化用品公司
金 额：2 575.00
用 途：购办公用品

单位主管:李明　　　　会计:王芳

3. 16 日,天津金威啤酒销售公司购买 9 度清爽啤酒 30 000 箱,不含税价款 40 元/箱,企业已开出增值税专用发票,发票上注明价款 1 200 000 元,增值税 204 000 元,对方已开出转账支票。

原始凭证:产品出库单、转账支票、银行进账单、增值税专用发票(记账联)

产品出库单

2010 年 12 月 16 日　　　　No. 533132

购货单位	产品名称及型号	单位	数量	备注
天津金威啤酒销售公司	9 度清爽啤酒	箱	30 000	

仓库负责人:孙宁　　　　经办人:钱星　　　　提货人:万伟

增值税专用发票

全国统一发票监制章 天津 国家税务总局监制

记账联

开票日期：2010 年 12 月 16 日　　　　No. 02154632

购货单位	名称	天津市金威啤酒销售公司	密码区	<071409＋/8＊5742/3590　加密版本号：01 51＋/<30＋42＋/22<4/5/>1 806≪5－129－9＋0－91312　7846672632 4/＊6753≫2－8＋859/≫40　5650642
	纳税人识别号	120008789456437		
	地址、电话	天津市南开区红旗路 56 号 22465764		
	开户行及账号	中国工商银行南开支行花园分理处 02341256788130		

货物及应税劳务名称	规格型号	单位	数量	单价	金额	税率	税额
9 度清爽啤酒		箱	30 000	40.00	1 200 000.00	17%	204 000.00
						%	
						%	
合计					1 200 000.00	%	204 000.00
价税合计(大写)	零仟壹佰肆拾零万肆仟零佰零拾零元零角零分					(小写)	1 404 000.00

销货单位	名称	天津市红星啤酒股份有限公司	备注	
	纳税人识别号	12011133557789		
	地址、电话	天津市东丽区第六大道 108 号 60080066		
	开户行及账号	中国工商银行股份有限公司东丽支行 168230028555		

收款人：张平　　　　销货单位(盖章)

第三联　记账联　销售方记账凭证

中国工商银行 转账支票（津）　EH/02　BB0023616

本支票付款期限十天

出票日期(大写)　贰零壹零 年 壹拾贰 月 壹拾陆 日　　付款行名称：工行南开支行花园分理处

收款人：天津市红星啤酒股份有限公司　　出票人账号：02341256788130

人民币(大写)	亿	千	百	十	万	千	百	十	元	角	分
壹佰肆拾万零肆仟元整		¥	1	4	0	4	0	0	0	0	0

用途　购货款

上述款项从

我账户内支付

出票人签章

李伟印　　天津金威啤酒销售公司财务专用章

银行进账单(回单)1

2010 年 12 月 16 日

出票人	全称	天津市金威啤酒销售公司	收款人	全称	天津市红星啤酒股份有限公司
	账号	02341256788130		账号	168230028555
	开户银行	中国工商银行南开支行花园分理处		开户银行	中国工商银行股份有限公司东丽支行

金额	人民币(大写)壹佰肆拾万零肆仟元整	亿	千	百	十	万	千	百	十	元	角	分
			¥	1	4	0	4	0	0	0	0	0

票据种类	转账支票	票据张数	1
票据号码	BB023616		

工商银行东丽支行 20101216 模拟 转讫

复核 记账 开户银行签章 盖章

此联是开户银行交给持(出)票人的回单

4. 17 日,签发转账支票,购买本月印花税 1 650 元。

原始凭证:转账支票存根,印花税购买发票

市税务局印花税票报销专用凭证

No. 06943224

购买单位:天津市红星啤酒股份有限公司 地址:天津市东丽区第六大道 108 号 2010 年 12 月 17 日

印花税票面值	单位	数量	金额								备注
			十	万	千	百	十	元	角	分	
一角											
贰角											
伍角											
壹元											
贰元											
伍元											
壹拾元											
伍拾元	张	1				¥	5	0	0	0	
壹佰元	张	16		¥	1	6	0	0	0	0	
合计人民币(大写)	壹仟陆佰伍拾元整			¥	1	6	5	0	0	0	

天津市东丽区地方税务局 065 号 模拟 征税专用章

经办单位:东丽区地税局 经办人:张灵 盖章:

付款申请单

2010 年 12 月 17 日　　No. 5268702789

付款部门:财务部	申请人:王芳
付款原因:购买印花税税票	
付款方式:现金　　转账支票 √　　电汇　　其他	
付款金额:人民币(大写)壹仟陆佰伍拾元整	小写 ¥1 650.00
收款单位:东丽区地税局	银行付讫
开户银行及账号:中国农业银行东丽支行 06247806692538	

单位负责人:刘奇　　财务经理:李明　　部门负责人:洪强　　审核:赵红　　出纳:张平

中国工商银行
转账支票存根
B B 00049524
科目________________
对方科目________________
出票日期 2010 年 12 月 17 日

收款人:天津市东丽区地方税务局
金　额:1 650.00
用　途:购印花税税票

单位主管:李明　　会计:王芳

5. 18 日,支付天津市方正广告公司广告宣传费 1 200 000 元,财务部出纳开出工商银行转账支票。

原始凭证:付款申请单、广告业发票、工商银行转账支票存根

广告业专用发票
发票联

客户名称:天津红星啤酒股份有限公司　　日期:2010 年 12 月 18 日　　No. 74755932

项 目	单 位	数 量	单 价	金额									
				千	百	十	万	千	百	十	元	角	分
广告宣传费					1	2	0	0	0	0	0	0	0
合计人民币(大写)	壹佰贰拾万元整			¥	1	2	0	0	0	0	0	0	0

②发票联

单位章(未盖章无效):　　开票人:刘畅

付款申请单

2010 年 12 月 18 日　　　　No. 5268702795

付款部门:销售部	申请人:万伟
付款原因:支付广告费	
付款方式:现金　　转账支票 √　　电汇　　其他	
付款金额:人民币(大写):壹佰贰拾万元整	小写:¥1 200 000.00
收款单位:天津市方正广告公司	银行付讫
开户银行及账号:北京银行天津支行 06098004340937	

单位负责人:刘奇　　财务经理:李明　　部门负责人:洪强　　审核:王芳　　出纳:张平

中国工商银行

转账支票存根

B B 00049528

科目＿＿＿＿＿＿

对方科目＿＿＿＿＿＿

出票日期 2010 年 12 月 18 日

收款人:天津市方正广告公司
金 额:1 200 000.00
用 途:付广告费

单位主管:李明　　会计:王芳

6. 21 日,收到银行存款利息传票,其中工商银行东丽支行利息收入 1 031.34 元,建行东丽支行利息收入 2 215.42 元。

原始凭证:存款利息传票(工商银行)、存款利息传票(建设银行)

银行 计(付)利息清单

日期: 2010 年 12 月 21 日　　总字第 105 号 专字第 031 号

户名	天津市红星啤酒股份有限公司		账号	168230028555						会计分录: (付) 对方科目(收) 复核　记账 工商银行东丽支行 01221 转讫 制票 (银行盖章) 年　月　日
计息计算时间	2010 年 09 月 21 日 至 2010 年 12 月 21 日									
积数	103 134 000.00		利率	月息　0.3　‰						
利息金额 人民币 壹仟零叁拾壹元叁角肆分 (大写)	百	十	万	千	百	十	元	角	分	
			¥	1	0	3	1	3	4	

银行　计(付)利息清单

日期：2010 年 12 月 21 日　　　　总字第 118 号　专字第 025 号

<table>
<tr><td>户名</td><td colspan="3">天津市红星啤酒股份有限公司</td><td>账号</td><td colspan="8">159233342567</td><td rowspan="5">会计分录：
(付)
对方科目(收)
复核　记账　制票
(银行盖章)
建设银行东丽支行 20101221 转讫
年　月　日</td></tr>
<tr><td>计息计算时间</td><td colspan="12">2010 年 09 月 21 日 至 2010 年 12 月 21 日</td></tr>
<tr><td>积数</td><td colspan="2">221 542 000.00</td><td>利率</td><td colspan="9">月息　0.3　‰</td></tr>
<tr><td colspan="4" rowspan="2">利息金额
人民币 贰仟贰佰壹拾伍元肆角贰分
(大写)</td><td>百</td><td>十</td><td>万</td><td>千</td><td>百</td><td>十</td><td>元</td><td>角</td><td>分</td></tr>
<tr><td></td><td></td><td>¥</td><td>2</td><td>2</td><td>1</td><td>5</td><td>4</td><td>2</td></tr>
</table>

7. 23 日，收到工商银行委托收款付款通知，代扣办公电话费 5 682.96 元。

原始凭证：委托收款(付款通知联)、工商银行代收电信费用发票

天津市东丽区　电信有限公司电信业专业发票

发票联

日期：2010 年 12 月 23 日　　　　No. 66116881

<table>
<tr><td colspan="4">号 码：60080066—60080075</td><td>业务种类：</td></tr>
<tr><td>用户名称：天津市红星啤酒股份有限公司</td><td colspan="3">本账务期 2010 年 11 月 01 日至 2010 年 11 月 30 日</td><td>付款方式：委托收款</td></tr>
<tr><td>项 目</td><td>金 额</td><td>项 目</td><td>金 额</td><td>备注：</td></tr>
<tr><td>月租费</td><td>200.00</td><td>市内话费
长途话费</td><td>1 253.60
4 229.36</td><td>1. 本发票仅限于中国电信电话卡零售及其他各类电信业务
2. 本发票使用至 2011 年底过期作废</td></tr>
<tr><td>大写金额</td><td colspan="2">伍仟陆佰捌拾贰元玖角陆分</td><td>小写金额</td><td>5 682.96</td></tr>
</table>

②收执方付款凭证

开票人：张琴　　　　收款人：李茗

托收凭证（付款通知）　　5

委托日期：2010 年 12 月 23 日　　付款期限：2010 年 12 月 23 日

业务类型	委托收款（■邮划、□电划）　托收承付（□邮划、□电划）						
付款人	全称	天津市红星啤酒股份有限公司		收款人	全程	天津市东丽区电信局	
	账号	168230028555			账号	168543992002218	
	地址	东丽区第六大道 108 号	开户行：工行东丽支行		地址	东丽区和平路	开户行：天津银行东丽支行

金额	亿	千	百	十	万	千	百	十	元	角	分
人民币（大写）：伍仟陆佰捌拾贰元玖角陆分					¥	5	6	8	2	9	6

款项内容	电话费	托收凭据名称	发票	附寄单证张数	1 张
商品发运证件		合同名称号码			

备注：		
付款人开户银行收到日期 2010 年 12 月 23 日 复核：李红　　记账：赵明	[工行东丽支行 20101223 模拟 转讫] 付款人开户银行签章 2010 年 12 月 23 日	付款人注意： 1. 根据支付结算办法，上列委托收款（托收承付）款项在付款期限内未提出拒付，即视为同意付款，以此代付款通知。 2. 如需提出全部或部分拒付，应在规定期限内，将拒付理由书并附债务证明退交开启银行。

此联付款人开户银行给付款人按期付款通知

8. 28 日，开出转账支票，通过天津市红十字会捐赠天津市儿童福利院 500 000 元。

原始凭证：付款申请单、红十字会收据、转账支票

接受社会捐赠专用收据

2010 年 12 月 28 日　　支票号：BB00049530

捐赠者	天津市红星啤酒股份有限公司			货币种类	人民币
捐赠项目	向天津市儿童福利院捐款				
项目（捐赠金额或实物）	单位	规格	数量	单价	金额
人民币					500 000.00
合计人民币（大写）	零佰伍拾零万零仟零佰零拾零元零角零分　¥500 000.00				

[天津市红十字会 财务专用章]

收款单位：天津市红十字会　　开票人：李娜　　收款人：

付款申请单

2010 年 12 月 28 日　　No:5268702798

付款部门:办公室	申请人:林红
付款原因:向天津市红十字会捐款	
付款方式:现金　转账支票 √　电汇　其他	
付款金额:人民币(大写):伍拾万元整	小写:￥500 000.00
收款单位:天津市红十字会	银行付讫
开户银行及账号:中国农业银行天津广开支行 612124860456102	

单位负责人:刘奇　财务经理:李明　部门负责人:洪强　审核:王芳　出纳:张平

中国工商银行

转账支票存根

B B 00049530

科目________

对方科目________

出票日期 2010 年 12 月 28 日

收款人:天津市红十字会
金额:500 000.00
用途:捐款

单位主管:李明　会计:王芳

9. 月末,收到工商银行转来的电力公司的委托收款凭证,付本月电费 161 612.41 元，本月用电度数为 212 564 度。其中:基本生产车间用电 114 569 度,辅助生产车间一车间用电 42 576 度,辅助生产车间二车间用电 36 785 度,企业管理部门用电 18 634 度。天津市一般工商业用电价格为 0.7603 元/度(含税),获得的增值税专用发票上列明电费 138 130.26 元,增值税 23 482.15 元。

原始凭证:委托收款凭证(付款通知)、增值税专用发票(抵扣联、发票联)、电费分配表

电费分配表

2010 年 12 月

部门	用电数量(度)	单价(不含税)	金额
基本生产车间	114 569	0.649 829	74 450.26
辅助生产车间一车间	42 576	0.649 829	27 667.12
辅助生产车间二车间	36 785	0.649 829	23 903.96
企业管理部门	18 634	0.649 829	12 108.92
合计	212 564		138 130.26

财务审核:李明　　制表:刘飞

托收凭证（付款通知）　　5

委托日期：2010 年 12 月 28 日　　付款期限：2010 年 12 月 31 日

业务类型	委托收款（□邮划、■电划）　托收承付（□邮划、□电划）						
付款人	全称	天津市红星啤酒股份有限公司		收款人	全程	天津市国家电网有限公司	
	账号	168230028555			账号	05003456789028	
	地址	东丽区第六大道 108 号	开户行：工行东丽支行		地址	天津市河北区五经路 39 号	开户行：农行河北支行

金额	亿	千	百	十	万	千	百	十	元	角	分
人民币（大写）：壹拾陆万壹仟陆佰壹拾贰元肆角壹分			¥	1	6	1	6	1	2	4	1

款项内容	电费	托收凭据名称	发票	附寄单证张数	1
商品发运证件		合同名称号码			

备注： 付款人开户银行收到日期 2010 年 12 月 31 日 复核：李红　　记账：赵明	工行东丽支行 20101231 转讫 付款人开户银行签章 2010 年 12 月 31 日	付款人注意： 1. 根据支付结算办法，上列委托收款（托收承付）款项在付款期限内未提出拒付，即视为同意付款，以此代付款通知。 2. 如需提出全部或部分拒付，应在规定期限内，将拒付理由书并附债务证明退交开启银行。

此联付款人开户银行给付款人按期付款通知

增值税专用发票

全国统一发票监制章　天津　国家税务总局监制

抵扣联

开票日期：2010 年 12 月 31 日　　No. 03224758

购货单位	名称	天津市红星啤酒股份有限公司	密码区： <071409＋/8＊5742/3590　加密版本号：01 51＋/<30＋42＋/22<4/5/>1 806≪5－129－9＋0－91312　7846672632 4/＊6753≫2－8＋859/≫40　5650642
	纳税人识别号	12011133557789	
	地址、电话	天津市东丽区第六大道 108 号 60080066	
	开户行及账号	天津工商银行东丽支行　168230028555	

货物及应税劳务名称	规格型号	单位	数量	单价	金额	税率	税额
电费		度	212 564	0.649 829	138 130.26	17%	23 482.15
						%	
						%	
合计					138 130.26	%	23 482.15
价税合计（大写）	零仟零佰壹拾陆万壹仟陆佰壹拾贰元肆角壹分					（小写）	161 612.41

销货单位	名称	天津市国家电网有限公司	备注
	纳税人识别号	120008789345266	天津市国家电网有限公司 120008789345266 发票专用章
	地址、电话	天津市河北区五经路 39 号 25892345	
	开户行及账号	中国农业银行河北支行 05003456789028	

收款人：张文　　销货单位（盖章）

第一联　抵扣联购货方抵扣凭证

增值税专用发票

发票联

（印章：全国统一发票监制章　天津　国家税务总局监制）

开票日期：2010 年 12 月 31 日　　　　　　No. 03224758

购货单位		密码区	
名称	天津市红星啤酒股份有限公司		＜071409＋/8＊5742/3590　加密版本号：01
纳税人识别号	12011133557789		51＋/＜30＋42＋/22＜4/5/＞1
地址、电话	天津市东丽区第六大道 108 号 60080066		806≪5－129－9＋0－91312　7846672632
开户行及账号	天津工商银行东丽支行　168230028555		4/＊6753≫2－8＋859/≫40　5650642

货物及应税劳务名称	规格型号	单位	数量	单价	金额	税率	税额
电费		度	212 564	0.649 829	138 130.26	17%	23 482.15
						%	
						%	
合计					138 130.26	%	23 482.15
价税合计（大写）	零仟零佰壹拾陆万壹仟陆佰壹拾贰元肆角壹分					（小写）	161,612.41

销货单位		备注
名称	天津市国家电网有限公司	（印章：天津市国家电网有限公司　120008789345266　发票专用章）
纳税人识别号	120008789345266	
地址、电话	天津市河北区五经路 39 号 25892345	
开户行及账号	中国农业银行河北支行 05003456789028	

第二联　发票联　购货方记账凭证

收款人：张文　　　　　　　　　　　　　　　销货单位（盖章）

10. 月末，收到工商银行转来的自来水公司的委托收款凭证，付本月水费 48 997 元，本月用水量为 75 380 吨。其中：基本生产车间用水 54 559 吨，辅助生产车间一车间用电 12 674 吨，辅助生产车间二车间用电 7 367 吨，企业管理部门用电 78 吨。天津市工业用水价格为 0.65 元/吨（含税），获得的增值税专用发票上列明水费 43 360.18 元，增值税 5 636.82 元。

原始凭证：水费分配表、委托收款凭证（付款通知）、增值税专用发票（抵扣联、发票联）

水费分配表

2010 年 12 月

部门	用水量（吨）	单价（不含税）	金额（元）
基本生产车间	54 559	0.575 221	31 383.48
辅助生产车间一车间	12 674	0.575 221	7 290.35
辅助生产车间二车间	7 367	0.575 221	4 237.67
企业管理部门	780	0.575 221	448.68
合计	75 380		43 360.18

财务审核：李明　　　　　　　　　　制表：刘飞

增值税专用发票

全国统一发票监制章　天津税务　国家税务总局监制

抵扣联

开票日期：2010 年 12 月 31 日　　　　No. 04127583

购货单位	名称	天津市红星啤酒有限公司		密码区	<071409+/8*5742/3590　加密版本号：01		
	纳税人识别号	12011133557789			51+/<30+42+/22<4/5/>1		
	地址、电话	天津市东丽区第六大道 108 号 60080066			806≪5−129−9+0−91312　7846672632		
	开户行及账号	天津工商银行东丽支行　168230028555			4/*6753≫2−8+859/≫40　5650642		
货物及应税劳务名称	规格型号	单位	数量	单价	金额	税率	税额
自来水		吨	75 380	0.575 221	43 360.18	13%	5 636.82
						%	
						%	
						%	
合计					43 360.18	%	5 636.82
价税合计（大写）	零仟零佰零拾肆万捌仟玖佰玖拾柒元零角零分					（小写）	48 997.00
销货单位	名称	天津市自来水集团有限公司		备注	天津市自来水集团有限公司 12008789256384 发票专用章		
	纳税人识别号	120008789256384					
	地址、电话	天津市和平区建设路 54 号 23378969					
	开户行及账号	中国工商银行和平支行 04078905324587					

收款人：李玉　　　　销货单位（盖章）

第二联　抵扣联购货方抵扣凭证

增值税专用发票

全国统一发票监制章　天津税务　国家税务总局监制

发票联

开票日期：2010 年 12 月 31 日　　　　No. 03224758

购货单位	名称	天津市红星啤酒股份有限公司		密码区	<071409+/8*5742/3590　加密版本号：01		
	纳税人识别号	12011133557789			51+/<30+42+/22<4/5/>1		
	地址、电话	天津市东丽区第六大道 108 号 60080066			806≪5−129−9+0−91312　7846672632		
	开户行及账号	中国建设银行股份有限公司东丽支行 159233342567			4/*6753≫2−8+859/≫40　5650642		
货物及应税劳务名称	规格型号	单位	数量	单价	金额	税率	税额
自来水		吨	75 380	0.575 221	43 360.18	13%	5 636.82
						%	
						%	
						%	
合计					43 360.18	%	5 636.82
价税合计（大写）	零仟零佰零拾肆万捌仟玖佰玖拾柒元零角零分					（小写）	48 997.00
销货单位	名称	天津市自来水集团有限公司		备注	天津市自来水集团有限公司 12008789256384 发票专用章		
	纳税人识别号	120008789256384					
	地址、电话	天津市和平区建设路 54 号 23378969					
	开户行及账号	中国工商银行和平支行 04078905324587					

收款人：李玉　　　　销货单位（盖章）

第二联　抵扣联购货方抵扣凭证

托收凭证（付款通知）　5

委托日期:2010 年 12 月 31 日　　付款期限:2010 年 12 月 31 日

业务类型	委托收款(□邮划、■电划)　　托收承付(□邮划、□电划)															
付款人	全称	天津市红星啤酒股份有限公司		收款人	全称	天津市自来水集团有限公司										
	账号	168230028555			账号	04078905324587										
	地址	东丽区第六大道 108 号　开户行　工行东丽支行			地址	和平区建设路 54 号　开户行　工行和平支行										
金额	人民币(大写):肆万捌仟玖佰玖拾柒元整					亿	千	百	十	万	千	百	十	元	角	分
									¥	4	8	9	9	7	0	0
款项内容	水费	托收凭据名称	发票	附寄单证张数	1											
商品发运证件		合同名称号码	026													
备注: 付款人开户银行收到日期 2010 年 12 月 31 日 复核:李红　　记账:赵明	工行东丽支行 20101231 转讫 付款人开户银行签章 2010 年 12 月 31 日	付款人注意: 1.根据支付结算办法,上列委托收款(托收承付)款项在付款期限内未提出拒付,即视为同意付款,以此代付款通知。 2.如需提出全部或部分拒付,应在规定期限内,将拒付理由书并附债务证明退交开启银行。														

此联付款人开户行凭以汇款或收款人开户行作收账通知

11. 月末,按应收账款余额的 2%计提坏账准备。

原始凭证:坏账准备计算表

坏账准备计算表

2010 年 12 月 31 日

单位:元

计提项目	期末余额	提取比例	应提金额	坏账准备账户余额		本期计提金额	
				借方	贷方	借方	贷方
应收账款	6 785 000	2%	135 700	12 750			148 450

审批:刘奇　　复核:王芳　　制单:赵红

12. 月末,编制辅助生产车间制造费用分配表,按生产工人工资比例分配并结转辅助生产车间的制造费用。

原始凭证:辅助生产车间制造费用分配表(按生产工人工资比例分配)

辅助生产车间制造费用分配表

2010 年 12 月 31 日　　单位:元

辅助生产车间	生产工人工资	分配率	分配金额
一车间	34 370	1.960 137	67 369.89
二车间	18 220	1.960 137	35 713.69
合计	52 590		103 083.58

复核人：王芳　　制表人:刘飞

13. 月末,编制辅助生产车间生产成本分配表,按直接分配法分配并结转辅助生产成本。

原始凭证:辅助生产成本分配表

辅助生产成本分配表

（直接分配法）

2010 年 12 月　　单位:元

辅助生产车间名称	一车间		二车间		合计
	劳务数量	分配费用	劳务数量	分配费用	
待分配辅助生产成本及劳务数量	850	179 015.67	680	108 852.97	287 868.64
费用分配率(单位成本)	210.606 7		160.077 9		
基本生产车间耗用	770	162 167.14	550	88 042.84	250 209.98
行政管理部门耗用	30	6 318.20	60	9 604.67	15 922.87
销售部门耗用	50	10 520.33	70	11 205.46	21 735.79
合计	850	179 015.67	680	108 852.97	287 868.64

复核人：王芳　　制表人:刘飞

14. 月末,编制基本生产车间制造费用分配表,按生产工人工资比例分配并结转基本生产车间制造费用。

原始凭证:基本生产车间制造费用分配表

基本生产车间制造费用分配表

2010 年 12 月 31 日　　单位:元

项目		生产工人工资	分配率	分配金额
基本生产车间	9 度清爽	129 160	2.302 15	297 345.72
	10 度淡爽	130 670	2.302 15	300 821.97
合计		259 830		598 167.69

复核人：王芳　　制表人:刘飞

15. 月末,根据基本生产成本明细账有关资料,编制产品成本计算单,采用结转完工产品成本。

原始凭证:产品成本计算表(2 张)、入库单

9 度清爽产品成本计算表

2010 年 12 月

产成品数量:1656780　　在产品完工程度 60%　　在产品数量:1668350

成本项目	月初在产品成本	本月生产成本	生产成本合计	约当产量	完工产品总成本	完工产品单位成本（元/瓶）	月末在产品成本
直接材料	1 136 095.46	2 793 613.75	3 929 709.21	1656780＋1668350＊60%	2 449 653.14	1.478 56	1 480 056.07
直接人工	487 072.62	234 969	722 041.62		450 097.30	0.271 67	271 944.32
制造费用	1 031 479.33	297 345.72	1 328 825.05		828 346.40	0.5	500 478.65
合计	2 654 647.41	3 325 928.47	5 980 575.88	2 657 790	3 728 096.84	2.250 23	2 252 479.04

复核人：王芳　　制表人:刘飞

10 度淡爽产品成本计算表

2010 年 12 月

产成品数量:1256900　　在产品完工程度 60%　　在产品数量:1626370

成本项目	月初在产品成本	本月生产成本	生产成本合计	约当产量	完工产品总成本	完工产品单位成本（元/瓶）	月末在产品成本
直接材料	826 757.61	3 371 525.74	4 198 283.35	1 256 900＋1 626 370＊60%	2 363 403.21	1.880 34	1 834 880.14
直接人工	376 882.15	237 477.25	614 359.4		345 850.64	0.275 16	268 508.76
制造费用	673 708.42	300 821.97	974 530.39		548 607.15	0.436 48	425 923.24
合计	1 877 348.18	3 909 824.96	5 787 173.14	2 232 722	3 257 861	2.591 98	2 529 312.14

复核人：王芳　　制表人:刘飞

商品验收及入库单

供货单位:基本生产车间　　2010 年 12 月 31 日　　No.31124295

名称	规格型号	进价				检验	
		单位	数量	单价	金额	合格	不合格
啤酒	9 度清爽	箱	165 678			165 678	
啤酒	10 度淡爽	箱	125 690			125 690	
合 计			291 368			291 368	

仓库负责人:孙宁　　检验人:赵天　　收货人:钱星

16. 月末，编制产品销售成本计算表，结转本月销售总成本。

原始凭证：产品销售成本计算表

产品销售成本计算表

2010 年 12 月　　单位：元

产品	单位	上月结存/箱	成本/元	本月入库/箱	成本/元	单位销售成本	销售数量	总销售成本
9 度清爽	箱	221 600	4 983 669.28	165 678	3 728 096.84	22.494 86	126 150	2 837 727.15
10 度淡爽	箱	141 050	3 666 658.66	125 690	3 257 861	25.959 81	100 000	2 595 980.98
合计			8 650 327.94		6 985 957.84			5 433 708.13

17. 月末，结转本月应交未交增值税。

原始凭证：应交未交增值税计算表

应交未交增值税计算表

2010 年 12 月 31 日　　单位：元

本期增值税借方发生额			本期增值税贷方发生额			转出未缴增值税
进项税额	已交税金	小计	销项税额	进项税额转出	小计	
512 292.97	0	512 292.97	1 877 820	9 729	1 887 549	1 375 256.03

会计主管：李明　　复核：刘飞　　制单：王芳

18. 月末，计提本月应交的消费税。

原始凭证：应交消费税计算表

应交消费税计算表

2010 年 12 月 31 日　　单位：元

应税消费品	销售数量	适用税率	应交消费税
9 度清爽	126 150 箱/630.75 吨	250 元/吨	157 687.5
10 度淡爽	98 850 箱/494.25 吨	250 元/吨	123 562.5
合计			281 250

会计主管：李明　　复核：刘飞　　制单：王芳

19. 计提本月应交的城建维护建设税及教育费附加。城市维护建设税的税率为 7%，教育费附加的征收率为 3%。

原始凭证：城建维护建设税及教育费附加计算表

城建维护建设税及教育费附加计算表

2010 年 12 月 31 日　　单位：元

税费	计税依据	税率(征收率)	金额
城建维护建设税	1 657 997.38	7%	116 059.82
教育费附加	1 657 997.38	3%	49 739.92
合计			165 799.74

会计主管：李明　　复核：刘飞　　制单：王芳

20. 结转本月收入。

21. 结转本月成本费用。

22. 计算并结转本月应交所得税。

提示：企业 1～11 月份按照会计利润总额按月预缴企业所得税，全年纳税调整事项包括：

(1)应收账款坏账准备按实际发生的坏账扣除；(坏账计提 132 900 元不得扣除)；

(2)业务招待费按照发生额的 60%(669 175×0.6)扣除，最高不得超过当年销售收入的 5‰；

(3)企业持有的交易性金融资产因公允价值变动而确认的公允价值变动损失 76 380 元应调整应纳税所得额。交易性金融资产的公允价值变动损益会导致资产账面价值与计税基础产生暂时性差异，要进行递延所得税资产或负债的确认；

(4)企业计提的存货减值准备 68 994.16 元需要调整应纳税所得额，因计提资产减值损失导致资产账面价值与计税基础产生暂时性差异，要进行递延所得税的确认。

假定公司除以上事项外，没有其他的纳税调整事项。

原始凭证：所得税计算表

所得税计算表

2010 年 12 月 31 日　　单位：元

会计利润	应纳税所得额	适用税率	应纳所得税额	已预缴所得税	年末应缴所得税
21 880 782.47	22 426 726.63	25%	5 606 681.66	4 921 333.33	685 348.33

会计主管：李明　　复核：刘飞　　制单：王芳

23. 将本年利润的余额转入利润分配-未分配利润。

24. 月末，按全年净利润的 10%提取法定盈余公积金。

原始凭证：盈余公积计算表

盈余公积计算表

2010 年 12 月 31 日　　单位：元

净利润	提取比例	提取金额
16 310 444.35	10%	1 631 044.44

会计主管：李明　　复核：刘飞　　制单：王芳

25. 月末，根据股东大会的决议，宣告按净利润的 20%向投资者分配现金股利。股利发放日为 2011 年 2 月 15 日。(本月追加的投资不享有此次现金分红)

原始凭证：应付股利计算表

应付股利计算表

2010 年 12 月 31 日　　单位：元

出资人	出资比例	应付股利金额
红纺集团有限公司	75%	2 446 566.65
旭日股份有限公司	25%	815 522.22
合计	100%	3 262 088.87

会计主管：李明　　复核：刘飞　　制单：王芳

26. 将利润分配科目所属其他明细科目的余额，转入“利润分配-未分配利润”科目。

三、模拟实训实施

(一)本章知识要点

1.基本概念及理论

收入是指企业在销售商品,提供劳务及让渡资产使用权等日常活动中形成的、会引起所有者权益增加、与所有者出资无关的经济利益的总流入。企业销售商品收入的确认必须同时满足五个条件:企业已将商品所有权上的主要风险和报酬转移给购货方;企业既没有保留通常与所有权相联系的继续管理权,也没有对已售出的商品实施有效控制;收入的金额能够可靠地计量;相关的经济利益很可能流入企业;相关的已发生或将发生的成本能够可靠地计量。

费用是指企业在日常活动中发生的、会导致所有者权益减少的。与向所有者分配利润无关的经济利益的总流出。费用有狭义和广义之分。广义的费用泛指企业各种日常活动发生的所有耗费,狭义的费用仅指与本期营业收入相配比的那部分耗费。费用的确认必须坚持三项原则即:划分收益性支出和资本性支出的原则、配比原则、权责发生制原则。

正确区分费用与成本、支出三个不同的概念。成本是指企业为生产商品、提供劳务而发生的各种耗费。它是按一定的产品或劳务对象所归集的耗费,是对象化了的耗费。支出是指企业的资源因耗用或偿付等原因而发生的减少,包括偿债性支出、成本性支出、费用性支出和权益性支出。

利润是指企业在一定会计期间内的经营成果。利润包括收入减去费用的净额、直接计入当期利润的利得和损失等。

2.会计分录

(1)一般销售商品业务

销售时　　借:银行存款、应收账款等

　　贷:主营业务收入

　　　应交税费——应交增值税(销项税额)

结转成本　　借:主营业务成本

　　贷:库存商品

(2)已经发出但不符合销售商品收入确认条件的商品的处理

发出商品时　　借:发出商品

　　贷:库存商品

纳税义务发生时　　借:应收账款

　　贷:应交税费——应交增值税(销项税额)

符合收入确认条件时　借:银行存款、应收账款等

　　贷:主营业务收入

　借:主营业务成本

　　贷:发出商品

(3)有现金折扣的销售

赊销时,同一般销售业务会计处理

折扣期内收回赊销款　　借:银行存款

财务费用(现金折扣)

贷:应收账款

(4)销售折让

借:主营业务收入(按折让的金额)

应交税费——应交增值税(销项税额)

贷:应收账款等

(5)销售退回

借:主营业务收入

应交税费——应交增值税(销项税额)

贷:应收账款等

借:库存商品

贷:主营业务成本

(6)委托代销商品

方式	委托方	受托方
视同买断方式	发出商品时 借:发出商品 贷:库存商品 收到代销清单时 借:应收账款 贷:主营业务收入(按协议价) 应交税费——应交增值税(销项税额) 结转相应的成本 借:主营业务成本 贷:发出商品 与受托方结算 借:银行存款 贷:应收账款	收到商品时 借:受托代销商品 贷:受托代销商品款(按协议价) 实际销售时 借:银行存款 贷:主营业务收入(按实际售价) 应交税费——应交增值税(销项税额) 结转相应的成本 借:主营业务成本 贷:受托代销商品 借:受托代销商品款 应交税费——应交增值税(进项税额) 贷:应付账款 与委托方结算 借:应付账款 贷:银行存款
收取手续费方式	发出商品时 借:发出商品 贷:库存商品 收到代销清单时 借:应收账款 贷:主营业务收入 应交税费——应交增值税(销项税额) 结转相应的成本 借:主营业务成本 贷:发出商品 计算代销手续费 借:销售费用 贷:应收账款 与受托方结算 借:银行存款 贷:应收账款	收到商品时 借:受托代销商品 贷:受托代销商品款 实际销售时 借:银行存款 贷:应付账款 应交税费——应交增值税(销项税额) 借:受托代销商品款 贷:受托代销商品 收到委托方增值税专用发票时 借:应交税费——应交增值税(进项税额) 贷:应付账款 与委托方结算 借:应付账款 贷:银行存款 主营/其他业务收入

(7)销售原材料的处理

销售时　借:银行存款、应收账款
　贷:其他业务收入
　　应交税费——应交增值税(销项税额)

结转相应的成本　借:其他业务成本
　贷:原材料

(8)提供劳务收入的确认

预收款项时　借:银行存款
　贷:预收账款

发生成本时　借:劳务成本
　贷:银行存款等

确认劳务收入时　借:预收账款
　贷:主营业务收入(按完工百分比)

结转成本时　借:主营业务成本(按本期应确认的费用)
　贷:劳务成本

(9)让渡资产使用权

企业确认资产使用费收入　借:银行存款、应收账款
　贷:主营/其他业务收入

结转成本　借:主营/其他业务成本
　贷:累计摊销等

(10)期间费用的核算

发生时　借:管理费用、销售费用、财务费用
　贷:银行存款等

(11)营业税金及附加的核算

发生时　借:营业税金及附加
　贷:应交税费——应交× ×税

(12)营业外收入的核算

发生时　借:银行存款、固定资产清理等
　贷:营业外收入

(13)营业外支出的核算

发生时　借:营业外支出
　贷:固定资产清理等

(14)所得税费用的核算

计提当期所得税　借:所得税费用
　贷:应交税费——应交所得税

确认递延所得税　借:所得税费用
　贷:递延所得税资产(负债)(或借或贷)

(15)结转本年利润

期末结转收入　借:主营业务收入

其他业务收入
公允价值变动损益
营业外收入
投资收益
公允价值变动损溢
贷:本年利润

期末结转费用　　借:本年利润
贷:主营业务成本
其他业务成本
营业税金及附加
管理费用
销售费用
财务费用
资产减值损失
营业外支出
所得税费用

本年利润结转　　借:本年利润(或借或贷)
贷:利润分配——未分配利润(或借或贷)

3.实务操作

(1)销售收入的确认及销售成本的结转的时点。销售商品同时满足商品销售收入确认的四个基本条件时,应及时确认收入。销售成本的结转一般在月末进行,根据销售商品发出单据汇总本月销售总数量,按照企业确定的存货发出计价方法计算发出商品的金额,结转销售成本。

(2)成本的归集及分配。费用的归集和分配是计算产品成本的前提和基础。为了正确核算产品成本,企业应当设置"生产成本"和"制造费用"等成本类账户。"生产成本"和"制造费用"可以按照企业的具体成本核算对象设置明细账户,凡是属于直接费用均应直接计入"生产成本",间接费用先在"制造费用"中进行归集,然后选择合理的标准分配计入"生产成本",产品完工后,将"生产成本"中的金额在完工产品和未完工产品间按一定的方法进行分配,完工产品的成本由"生产成本"转入"库存商品","生产成本"账户内的余额表示的是在产品的成本。

(3)企业所得税纳税调整。当企业财务会计的确认和计量与税收法规不一致时,就会出现会计利润与应税所得之间的差异,在计算缴纳所得税时,需要按税法规定对会计利润进行纳税调整。纳税调整包括收入类调整项目、扣除类调整项目、资产类调整项目、准备金调整项目、房地产企业预售收入计算的预计利润、特别纳税调整应税所得及其他。根据企业的业务情况对应各调整项目的明细来进行填列。计算纳税调增金额和调减金额。

(二)实训重点及难点内容

(1)各种销售方式下销售收入的确认

(2)成本的归集与分配

(3)期间费用的确认

(4)应纳税所得额的计算

(5)利润的结转

(三)实训具体实施方法

1.教学内容分析

该章是整个中级财务会计课程中内容较多、难度大的一章。

容易理解的理论知识有收入的概念、分类、确认条件,利润的构成,期间费用的内容。较难理解的理论知识包括不同销售方式下收入的确定,完工百分比法,利润的结转。难以理解的理论知识有成本的归集与分配,应纳税所得额的计算,所得税费用的确认。

会计处理比较简单的业务有普通销售业务、现金折扣、销售折让、销售退回、销售原材料、期间费用的确认、营业外收支的确认等。会计处理较难的业务包括委托代销业务、营业税金及附加、利润结转等。会计处理很难的业务包括销售成本的结转、所得税费用的核算。

实务操作的内容中,成本的归集与分配、纳税调整对于学生来说具有很大的难度。

企业如何进行成本核算和管理,属于企业财务管理中的重要内容,引导学生去搜集相应的案例和资料进行分析,培养学生财务管理的意识。

2.课时分配与安排

该章计划课时为14课时,其中理论课10课时,模拟实训4课时。该章内容多、难度大,需要重点详细地进行理论讲解,计划课时安排较多。在理论讲解的同时穿插课中练习和模拟实验,调节授课的节奏和气氛。

3.实训流程

(1)课前预习。教师在课前强调预习要求和要点,布置预习思考题,让学生通过自学完成预习思考题,掌握本章容易理解的理论知识和比较简单的业务的会计处理,熟悉较难理解的理论知识和会计处理较难的业务的会计处理,了解难以理解的理论知识。

(2)课中实训。课中实训由两部分组成,一是多做课中练习,每讲完一部分内容就通过反复练习来巩固理论课上的内容;二是在理论课讲述的过程中穿插进行模拟实验,增加学生对相关业务的感性认识,帮助学生了解企业从确认收入、确认费用到最后利润形成的过程。模拟实验可以按以下步骤进行:

①指导学生根据本章模拟实验的资料进行原始凭证的辨认与审核,进行收入的确认,编制记账凭证;

②指导学生进行成本的归集和分配,了解企业成本核算的基本方法和步骤;

③指导学生月末进行销售成本结转的会计处理,审核自制原始凭证,编制记账凭证;

④指导学生月末进行本年利润的结转,进行纳税调整,计算企业应交所得税,结转净利润。

⑤给记账凭证编号并登记日记账及明细账。

在指导学生进行模拟实验的过程中,指导老师结合本章理论课教学内容,讲完一部分内容后就进行相应的模拟实验,强调销售成本结转的方法、生产成本归集和分配的步骤和方法、纳税调整的方法、利润的结转。让学生在实务操作中熟悉企业收入、费用的确认方法及利润结转的步骤及流程。

(3)课后复习。在进行课前预习和课中实训后,要求学生从以下两个方面进行课后复习:

①复习模拟实验实务操作的要点;

②做课后复习题。

第十一章　财务报告模拟实训设计与实施

一、实训目标和要求

(一)实训目标

通过实训使学生了解财务报告的内容、编制要求；理解三大主要财务报表的意义和关系，附注和报表重要项目的作用；熟悉现金流量表的内容、格式；掌握资产负债表、利润表的编制方法。

(二)实训要求

(1)预习该章内容，完成预习思考题。

(2)进行模拟实验时，根据以前章节模拟实验的成果，按照规定的程序和方法进行报表编制。

(3)课后复习，完成布置的习题。

二、模拟实训内容设计

(一)习题训练

预习思考题

(1)什么是财务报告？其编制的目的和主要构成内容是什么？

(2)什么是资产负债表？资产负债表如何编制？

(3)什么是利润表？利润表如何编制？

(4)现金流量表的作用和结构是什么？

(5)附注的主要内容有哪些？

课内练习

一、单选题

①“应收账款”科目明细账中若有贷方余额，应将其计入资产负债表中(　　)项目。

A. 应收账款　　B. 预收账款　　C. 应付账款　　D. 其他应付款

②某企业 2010 年 10 月 31 日生产成本借方余额 50 000 元，原材料借方 30 000 元，材料成本差异贷方余额 500 元，委托代销商品借方余额 40 000 元，工程物资借方余额 10 000 元，存货跌价准备贷方余额 3 000 元，则资产负债表中“存货”项目的金额为(　　)元。

A. 116 500　　B. 76 500　　C. 119 500　　D. 86 500

③下列各项中，属于资产负债表中非流动资产项目的是(　)。

A. 应收股利　　B. 存货　　C. 长期借款　　D. 工程物资

④某企业 2010 年发生的营业收入为 10 000 万元，营业成本为 3 500 万元，销售费用为 150 万元，管理费用为 300 万元，财务费用为 50 万元，投资收益为 200 万元，资产减值损失为 350 万元，公允价值变动收益为 400 万元，营业外收入为 125 万元，营业外支出为 75 万元。该企业 2010 年的营业利润为(　)万元。

A. 6 250　　B. 6 000　　C. 6 100　　D. 6 950

⑤某企业 2008 年度发生以下业务：以银行存款购买将于 2 个月后到期的国债 500 万元，偿还应付账款 200 万元，支付生产人员工资 150 万元，购买固定资产 300 万元。假定不考虑其他因素，该企业 2008 年度现金流量表中“购买商品、接受劳务支付的现金”项目的金额为(　)万元。

A. 200　　B. 350　　C. 650　　D. 1 150

二、多选题

①下列资产负债表中，可以直接根据相关总账户期末余额填列的有(　)。

A. 固定资产　　B. 交易性金融资产　　C. 存货　　D. 短期借款

②下列各项中，可以通过资产负债表反映的有(　)。

A. 某一期间的经营成果　　B. 某一时点的偿债能力

C. 某一时点的财务状况　　D. 某一期间的获利能力

③下列各项中，应列入利润表“营业成本”项目的有(　)。

A. 销售材料成本　　B. 无形资产处置净损失

C. 固定资产盘亏净损失　　D. 经营出租固定资产折旧

④下列各项现金流出，属于企业现金流量表中筹资活动产生的现金流量的有(　)。

A. 偿还应付账款　　B. 偿还短期借款

C. 发放现金股利　　D. 支付借款利息

⑤下列各项中，应列入利润表“资产减值损失”项目的有(　)。

A. 原材料盘亏损失　　B. 固定资产减值损失

C. 应收账款减值损失　　D. 无形资产处置净损失

三、判断题

①“长期股权投资”项目应根据“长期股权投资”科目的期末余额，减去“长期股权投资减值准备”科目的期末余额后的金额填列。(　)

②“利润分配”总账账户的年末余额一定与相应的资产负债表中未分配利润项目的数额一致。(　)

③如果固定资产清理科目出现借方余额，应在资产负债表“固定资产清理”项目中以负数填列。(　)

④企业出售固定资产应交的营业税，应列入利润表的“营业税金及附加”项目。(　)

⑤企业在编制现金流量表时，对企业为职工支付的住房公积金、为职工缴纳的商业保险金、社会保障基金等，应按照职工的工作性质和服务对象分别在经营活动和投资活动产生的现金流量有关项目中反映。(　)

四、计算及业务处理

①资料：甲公司某月末结账前，各损益类科目的余额如下表：

单位：元

科目名称	借方余额	贷方余额
主营业务收入		12 861
其他业务收入		584
投资收益		875
营业外收入		651
主营业务成本	9 375	
销售费用	891	
营业税金及附加	656	
其他业务成本	420	
管理费用	1 082	
财务费用	418	
营业外支出	349	
合计	13 191	14 971

要求：根据上述资料，计算公司的营业利润和利润总额。

②资料：某公司为增值税一般纳税企业，增值税税率为17%，2008年与销售现金流量有关的业务如下：

销售产品一批，增值税发票标明单价为300 000元（不含增值税），货款未收到；

销售产品一批，单价700 000元，增值税税额119 000元，货款银行已收妥；

公司将到期的一张面值为180 000元的无息银行承兑汇票（不含增值税），连同解讫通知和进账单交银行办理转账，款项已收妥；

收到应收账款51 000元；

公司采用商业承兑汇票结算方式销售产品一批，价款250 000元，增值税税额为42 500元，收到292 500元的商业承兑汇票1张，公司已将上述承兑汇票到银行办理贴现，贴现息为20 000元。

要求：计算“销售商品、提供劳务收到的现金”项目的金额。

课后复习

一、单选题

①资产负债表中“货币资金”项目的金额在填列时不考虑（　）账户的余额。

A. 银行存款　　B. 其他货币资金　　C. 应收票据　　D. 库存现金

②某企当期“主营业务收入”科目贷方发生额为4 500万元，借方记录有销售退回150万

元，销售折让 150 万元。其他业务收入 300 万元，其他业务成本 180 万元，则该企业利润表“营业收入”项目应填列的金额是(　)万元。

A. 3 120　　B. 4 500　　C. 255　　D. 960

③下列经济业务所产生的现金流量中，属于经营活动产生的现金流量是(　)

A. 变卖固定资产所得的现金流量

B. 取得债券利息收入所产生的现金流量

C. 支付经营租赁费用所产生的现金流量

D. 偿还银行借款所产生的现金流量

④某企业“应付账款”科目月末贷方余额 40 000 元，其中：“应付甲公司账款”明细科目贷方余额 35 000 元，“应付乙公司账款”明细科目贷方余额 5 000 元，“预付账款”科目月末贷方余额 30 000 元，其中：“预付 A 工厂账款”明细科目贷方余额 50 000 元，“预付 B 工厂账款”明细科目借方余额 20 000 元。该企业月末资产负债表中“应付账款”项目的金额为(　)元。

A. 90 000　　B. 30 000　　C. 40 000　　D. 70 000

⑤某企业 2008 年 4 月 1 日从银行借入期限为 3 年的长期借款 800 万元，编制 2010 年 12 月 31 日资产负债表时，此项借款应填入的报表项目是(　)。

A. 短期借款　　B. 长期借款

C. 其他长期负债　　D. 一年内到期的非流动负债

二、多选题

①资产负债表的数据来源，可以通过以下(　)方式获得。

A. 直接从总账科目的余额获得

B. 根据明细科目的余额分析获得

C. 根据几个总账科目的余额合计获得

D. 根据有关科目的余额分析获得

②下列各项中，属于企业资产负债表存货项目范围的有(　)

A. 已经购入但尚未运达本企业的货物

B. 已售出但货物尚未运离本企业的存货

C. 存放外地仓库但尚未售出的存货

D. 支付手续费的委托代销方式下，已发出的委托代销商品但尚未收到代销清单的存货

③年度财务报表至少应该包括(　)。

A. 资产负债表　　B. 股东权益变动表　　C. 利润表　　D. 现金流量表

④下列交易和事项中，不影响当期经营活动产生的现金流量的有(　)

A. 用非现金资产偿还借款

B. 支付管理人员工资

C. 支付各项税费

D. 收到被投资单位分配的利润

⑤下列会计科目的期末余额，应当列入资产负债表“存货”项目的有(　)。

A. 生产成本　　B. 材料采购　　C. 委托加工物资　　D. 周转材料

三、判断题

①将于一年内到期的应付债券，应在资产负债表中作为流动负债反映。(　)

②资产负债表"其他应收款"项目根据"其他应收款"科目期末余额，减去"坏账准备"总账科目期末余额后的金额填列。( )

③属于现金流量表中现金及现金等价物的包括3个月内到期的债券投资。( )

④"长期借款"项目，根据"长期借款"总账科目余额填列。( )

⑤偿还应付账款属于企业现金流量表中筹资活动产生的现金流量。( )

四、计算及业务处理

①资料：甲公司2010年12月31日结账后有关科目余额如下表所示。

单位：万元

科目名称	借方余额	贷方余额
应收账款—A	600	
应收账款—B		40
坏账准备		80
预收账款—C	100	
预收账款—D		800
应付账款—E	20	
应付账款—F		400
预付账款—G	320	
预付账款—H		60

假设坏账准备80万元均为应收账款计提的。

要求：根据上述资料，计算资产负债表中应收账款、预收账款、应付账款、预付账款项目的金额。

②某企业2010年商品销售收入为400万元，产生的销项税68万元，预收账款期初余额为100万元，期末余额为60万元，应收账款期初余额为120万元，期末余额为180万元，年度内核销的坏账损失为8万元。

要求：计算企业该年度销售商品、提供劳务收到的现金。

五、拓展题

写一篇关于如何阅读财务报告的小论文，字数1 000字左右。

(二)模拟实验

1. 编制模拟企业2010年12月资产负债表(附表1)。

2. 编制模拟企业2010年12月利润表(附表2)。

资产负债表

年　月　日

编制单位：　　　　　　　　　　　　　　　　单位:元

资产	期末余额	年初余额	负债和所有者权益	期末余额	年初余额
流动资产：			流动负债：		
货币资金			短期借款		
交易性金融资产			交易性金融负债		
应收票据			应付票据		
应收账款			应付账款		
预付款项			预收款项		
应收利息			应付职工薪酬		
应收股利			应交税费		
其他应收款			应付利息		
存货			应付股利		
一年内到期的非流动性资产			其他应付款		
流动资产合计			一年内到期的非流动负债		
非流动性资产：			流动负债合计		
可供出售金融资产			非流动流动负债：		
持有至到期投资			长期借款		
长期应收款			应付债券		
长期股权投资			长期应付款		
投资性房地产			专项应付款		
固定资产			预计负债		
在建工程			递延所得税负债		
工程物资			其他非流动负债		
固定资产清理			非流动负债合计		
生产性生物资产			负债合计		
油气资产			所有者权益		
无形资产			实收资本(或股本)		
开发支出			资本公积		
商誉			减:库存股		
长期待摊费用			盈余公积		
递延所得税资产			未分配利润		
其他非流动资产			所有者权益合计		
非流动资产合计					
资产总计			负债和所有者权益总计		

利润表

年　　月

编制单位：　　　　　　　　　　　　　　　　　　　　　　　单位：元

项 目	本期金额	本年累计数
一、营业收入		
减：营业成本		
营业税金及附加		
销售费用		
管理费用		
财务费用		
资产减值损失		
加：公允价值变动收益(损失以“－”号填列)		
投资收益(损失以“－”号填列)		
其中：对联营企业和合营企业的投资收益		
二、营业利润(亏损以“－”号填列)		
加：营业外收入		
减：营业外支出		
其中：非流动资产处置损失		
三、利润总额(亏损以“－”号填列)		
减：所得税费用		
四、净利润(亏损以“－”号填列)		

三、模拟实训实施

(一)本章知识要点

1. 基本概念及理论

财务报告是企业对外提供的反映企业某一特定日期的财务状况和某一会计期间的经营成果、现金流量等会计信息的文件。财务报告包括财务报表和其他应当在财务报告中披露的相关信息和资料。其中,财务报表由报表本身及其附注两部分构成,附注是财务报表的有机组成部分。财务报表至少包括资产负债表、利润表、现金流量表等报表。

资产负债表是反映企业某一特定日期财务状况的报表,企业编制资产负债表的目的是通过如实反映企业的资产、负债和所有者权益金额及其结构情况,从而有助于使用者评价企业资产的质量以及短期偿债能力、长期偿债能力和利润分配能力。

利润表是反映企业在一定会计期间经营成果的报表,企业编制利润表的目的是通过如实反映企业实现的收入、发生的费用、应当计入当期利润的利得和损失以及其他综合收益等金额和结构情况,从而有助于使用者分析评价企业的盈利能力、盈利构成与盈利质量。

现金流量表反映企业一定会计期间内现金流入流出情况的报表。我国现金流量表将现金流量分为三类,即经营活动产生的现金流量、投资活动产生的现金流量和筹资活动产生的现金流量。企业编制现金流量表的目的是通过如实反映企业各项活动的现金流入、现金流出情况,从而有助于使用者评价企业的现金流和资金周转情况。

附注是对在财务报表中列示项目所做的进一步说明,以及对未能在这些报表中列示项目的说明等。企业编制附注的目的是通过对财务报表本身做补充说明,以更加全面系统地反映企业的财务状况、经营成果和现金流量的全貌,从而有助于向使用者提供更为有用的信息,做出更加科学合理的决策。

2. 实务操作

(1)科目汇总步骤。

第一步,登记 T 字账。

①按照总分类账账页目录顺序开设 T 字账。如下图所示。

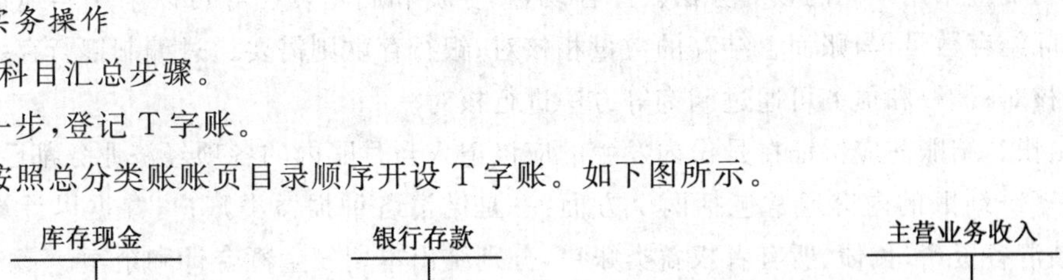

②将记账凭证逐笔过入 T 字账。

③T 字账登记完毕后,计算每个账户的借、贷方发生额。据此编制科目汇总表。如下图所示。

第二步,试算平衡,T 字账中各账户的借方发生额合计数应等于贷方发生额合计数,如果试算不平衡,应进行查错,直至平衡无误为止。

第三步,编制科目汇总表。根据已经试算平衡的 T 字账编制科目汇总表,编制步骤如下:

库存现金

4 000	
……	……
8 900	2 600

银行存款

	3 000
……	……
245 000	163 800

主营业务收入

	30 000
	……
	890 000

①在表头部分填写所汇总凭证的期间，如 2010 年 12 月 1～10 日。

②按照 T 字账的顺序填写会计科目栏中有本月发生额的会计账户。

③将 T 字账中本月借、贷方发生额过入科目汇总相应项目表中，科目汇总表中所在账户借方、贷方发生额的合计应相等。

④注明该科目汇总表的编号，如“汇 1”，并注明该科目汇总表所汇总的凭证范围。

⑤完成上述工作后，填写制表者姓名。

(2)登记总账。总账账户要按照单位选用的会计核算形式及时记账，采用记账凭证核算形式记账的单位，应根据记账凭证定期逐笔登记总账；采用汇总记账凭证核算形式记账的单位，可以根据汇总记账凭证，月终时一次登记总账；采用科目汇总表核算形式的单位，可以根据每次汇总编制的科目汇总表定期登记，也可以在月终时，根据科目汇总表中各科目发生额的合计数一次登记。

(3)对账。根据记账凭证登记明细账和总账后，为了检查记账是否正确，可以定期或不定期地采用对账的方法予以核实。对账包括以下内容：

①账证核对。账证核对就是检查原始凭证、记账凭证与账簿记录的会计科目、金额、借贷方等项目是否相符。这种核对除在日常制单、记账过程中进行以外，每月终了，如果发现账证不符，应当追本溯源，进行账簿与会计凭证的检查核对，以确保账证相符。

②账账核对。包括总账的核对，总账与所属明细账的核对、总账与日记账的核对。

③账实核对。账实核对就是将企业财产物资的账面结存数与实际结存数进行核对，对不同的财产物资应采用不同的核对方法。库存现金、存货和固定资产等可以采用实地盘点方法清查其实际结存数量，与账面上结存的数量相核对；银行存款则需要通过编制银行存款余额调节表进行核对；债权和债务可通过函询等方法进行核对。

(4)结账。结账前应保证在月份内发生的应该记入当月账内的各项经济业务都已入账，并已对账完毕。结账的内容通常包括两个方面：一是结清各种损益类账户，并据以计算本期利润；二是结清各资产、负债、所有者权益类账户，分别结出本期发生额合计和余额。

①月末结账。月末结账时，要根据不同的账户记录采用不同的方法。对不需要按月结计本期发生额的账户，如各项应收应付款账户的明细账和其他各项资产、负债账户的明细账等，都要随时结出余额，每月最后一笔金额即为月末余额。月末余额结计在本月最后一笔经济业务记录的同一行余额栏内，并在此余额下画一条通栏红线。

库存现金、银行存款日记账和其他需要按月结计发生额的明细账户，如各种成本、费用和收入明细账等，每月结账时，要在本月最后一笔经济业务记录下面画一条通栏红线，另起一行，在摘要栏内注明“本月合计”字样，结出本月发生额和期末余额，并在下面画一条通栏红线。需要结出本年累计发生额的明细账户，如主营业务收入、在建工程明细账等，每月结账时，应在本月合计行下结出自年初起至本月末的累计发生额，登记在月份发生额下面，在摘要栏内注明

"本年累计"字样,并在下面画一通栏红线。12月末的本年累计就是全年累计发生额,全年累计发生额下画双红线。

②年末结账。总账账户平时只需要结出月末余额。年终结账时,为了总括地反映全年各账户的全貌,核对账目,要将所有总账账户结出全年发生额和年末余额。在年末最后一笔总账记录下面下面画一条通栏红线,另起一行,在摘要栏内注明"本年合计"字样,并通栏描绘双红线。年度终了时,有余额的账户,要将其余额结转下年,具体做法为:在年末账户余额的下一行摘要栏内注明"结转下年"字样,在下一会计年度新建有关会计账户的第一行余额栏内填写上年结转的余额,并在摘要栏注明"上年结转"字样。

(二)实训重点及难点内容

(1)科目汇总,根据科目汇总表登记总账。

(2)资产负债表、利润表的编制。

(3)现金流量表的内容。

(4)采用直接法计算销售商品、提供劳务收到的现金及采购商品,接受劳务支付的现金。

(三)实训具体实施方法

1.教学内容分析

容易理解的理论知识有财务报告的构成、三大主要报表的作用,利润表的编制,较难理解的理论知识有资产负债表的编制,很难理解的理论知识有现金流量表直接法和间接法的运用。

实务操作的内容中,科目汇总对于学生来说比较繁琐。

企业如何进行财务报表分析,属于企业财务管理中的重要内容,引导学生对本次模拟实验的报表进行分析,培养学生财务管理的意识。

2.课时分配与安排

财务报告一章的计划课时为13课时,其中理论课3课时,模拟实训10课时。该章内容不多,但有一定的难度,理论课讲解的内容主要包括财务报告的内容、三大主要报表的作用、现金流量表直接法和间接法的运用等,资产负债表、利润表的编制可以通过模拟实训来进行讲解,便于学生理解和掌握。

3.实训流程

(1)课前预习。教师在课前强调预习要求和要点,布置预习思考题,让学生通过自学完成预习思考题,掌握本章容易理解的理论知识,熟悉较难理解的知识点。

(2)课中实训。课中实训由两部分组成,一是做课中练习,通过练习巩固相关知识点;二是通过模拟实验进行资产负债表、利润表的编制,让学生掌握这两大报表的编制方法。模拟实验可以按以下步骤进行:

①指导学生进行科目汇总,按科目汇总表登记总账;

②指导学生对账;

③指导学生结账;

④指导学生根据总账和明细账编制资产负债表和利润表。

在指导学生进行模拟实验的过程中,结合本章教学内容,进行讲解。重点强调资产负债表、利润表各项目金额的来源和计算方法,让学生在做中学,增加感性认识,掌握报表编制的相关知识。该章模拟实验涉及到科目汇总、对账、结账等大量工作，实训课时安排较多，如果实训课还无法完成相关任务，可以采取实训课时讲解具体操作方法和步骤，布置学生在课后完成相关工作。

(3)课后复习。在进行课前预习和课中实训后，要求学生从以下两个方面进行课后复习：

①完成模拟实验科目汇总、对账、结账等任务；

②做课后复习题。

参 考 文 献

[1] 王晓燕.中级财务会计习题与案例.北京:经济科学出版社,2011.

[2] 陈立军,崔凤鸣.中级财务会计习题与案例.大连:东北财经大学出版社,2010.

[3] 中国注册会计师协会.2011年度注册会计师全国统一考试辅导教材(会计).北京:经济科学出版社,2011.

[4] 中国注册会计师协会.2011年度注册会计师全国统一考试辅导教材(税法).北京:经济科学出版社,2011.

[5] 会计专业技术资格考试辅导用书.中级会计实务精讲精练.北京:经济科学出版社,2011.

[6] 章洁倩.会计综合实训模拟教程.北京:北京大学出版社,2012.

[7] 全国会计专业技术资格考试研究中心.初级会计实务.上海:立信会计出版社,2012.